Helvetet

Dr. Jaerock Lee

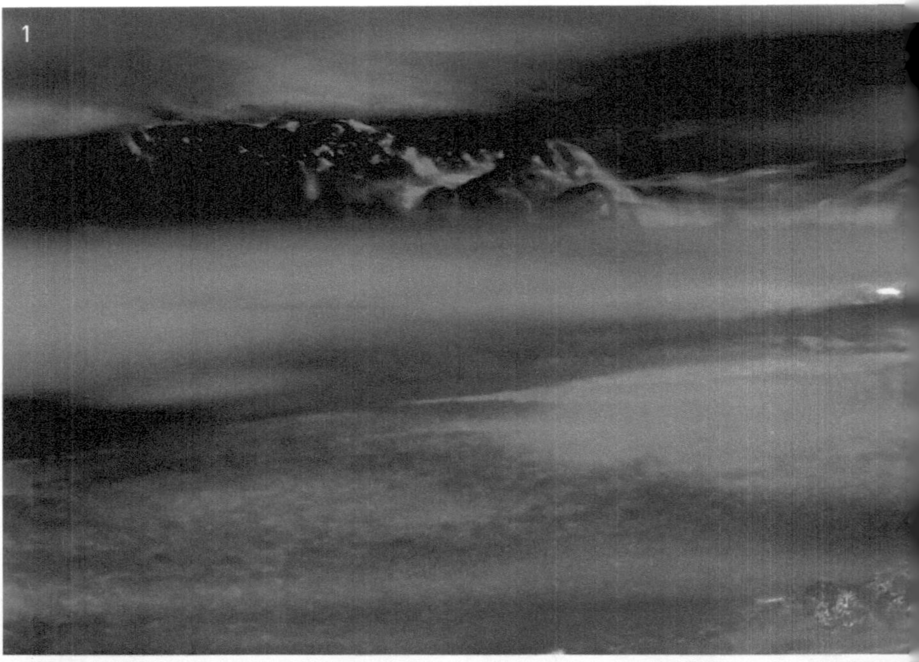
1

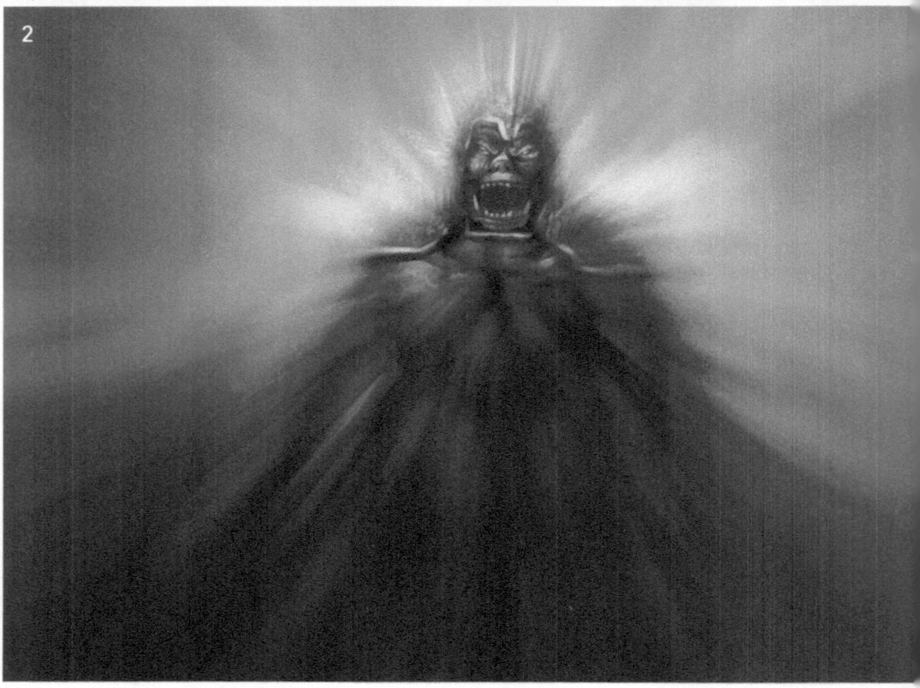
2

1 Blodet sipprar från mängderna av ofrälsta själar som har blivit torterade på fruktansvärda sätt i en evigt rinnande flod.

2 Fruktansvärt hemska budbärare från helvetet har människolika ansikten eller liknar hemska och orena djur.

3 Utmed flodbanken längs med floden med blod finns många barn som lever i lidande från 6 år ålder och upp till just innan puberteten. Beroende på deras synders allvarlighetsgrad blir deras kroppar begravda dyn och nära flodbanken.

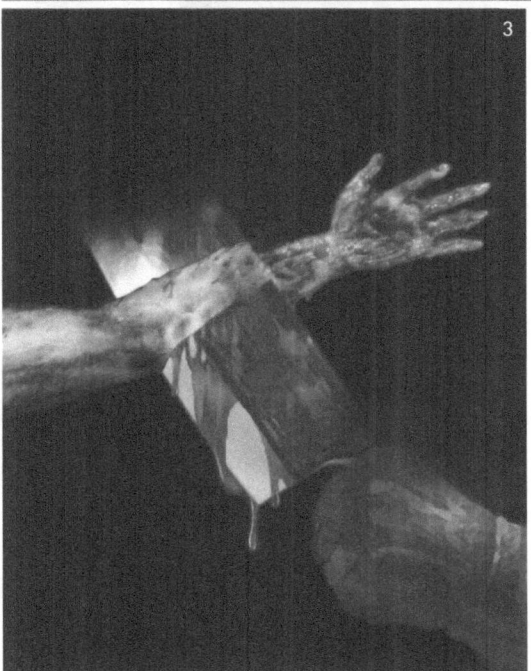

1 En bassäng med stinkande avfallsvatten fylls med oräkneliga otäcka insekter och dessa insekter gnager på de själars kroppar som är instängda i bassängen. Insekterna tränger sig in i deras kroppar och genom deras mag-tarmkanal.

2,3 Med allt från en mindre kniv till en yxa förbereder de avskyvärda och otäcka grisformade helvetets budbärare mängder av verktyg ämnade för tortyr. Helvetets budbärare skär bort delar av kropparna på de själar som är fastbundna vid ett träd.

En gryta med brinnande eld fylls med en fruktansvärd stinkande och häftigt kokande vätska. De fördömda själarna som tidigare varit man och hustru sänks ner i grytan, en åt gången. Medan en själ plågas vädjar den andra om att straffet för makan eller maken ska förlängas.

Med vidöppna munnar och med deras skarpa tänder blottade, jagar mängder av små insekter själarna som klättrar uppför den branta klippan. De förskrämda själarna blir omedelbart övertäckta av insekterna och faller till marken.

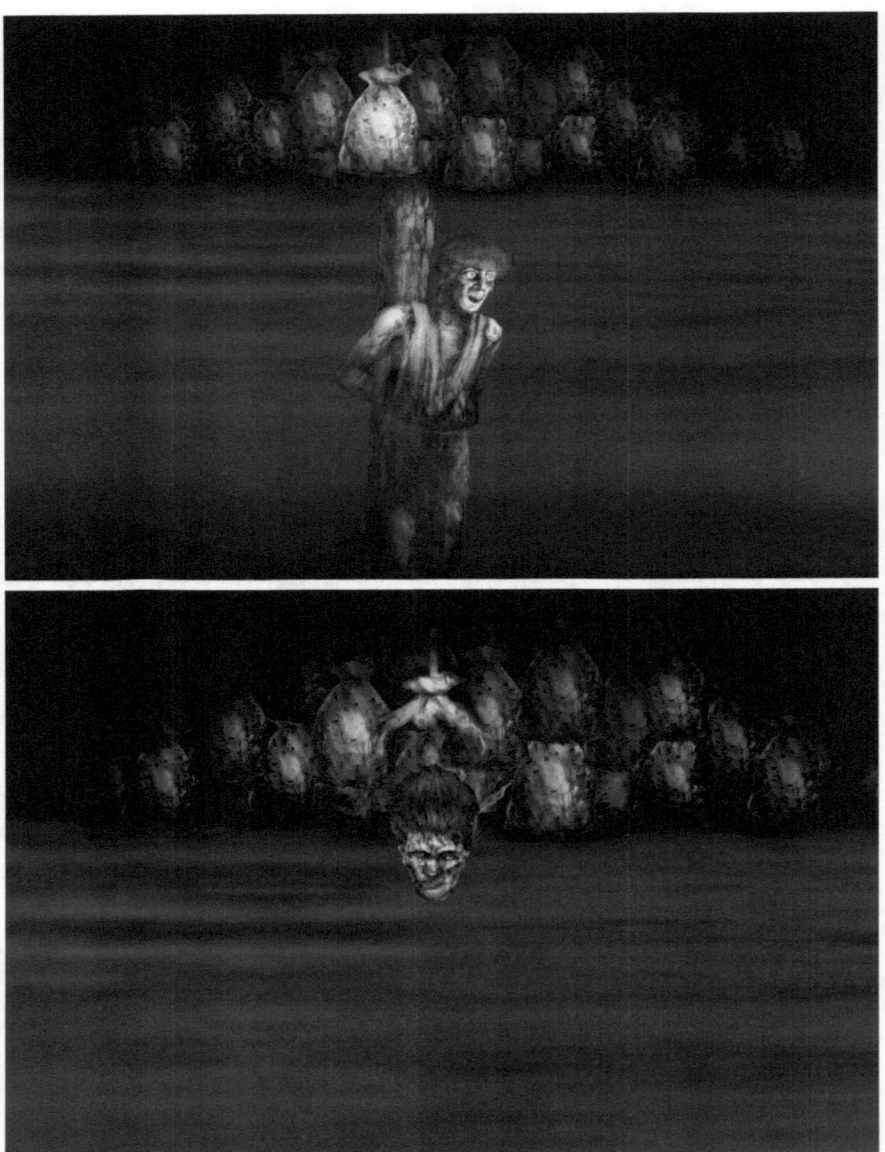

Ett oräkneligt antal otäcka svarta huvuden på dem som följt honom som varit mot Gud biter hätskt rebellernas kroppar med sina vassa tänder. Tortyren är värre än att bli gnagd på av insekter eller bli sönderrsliten av vilddjur.

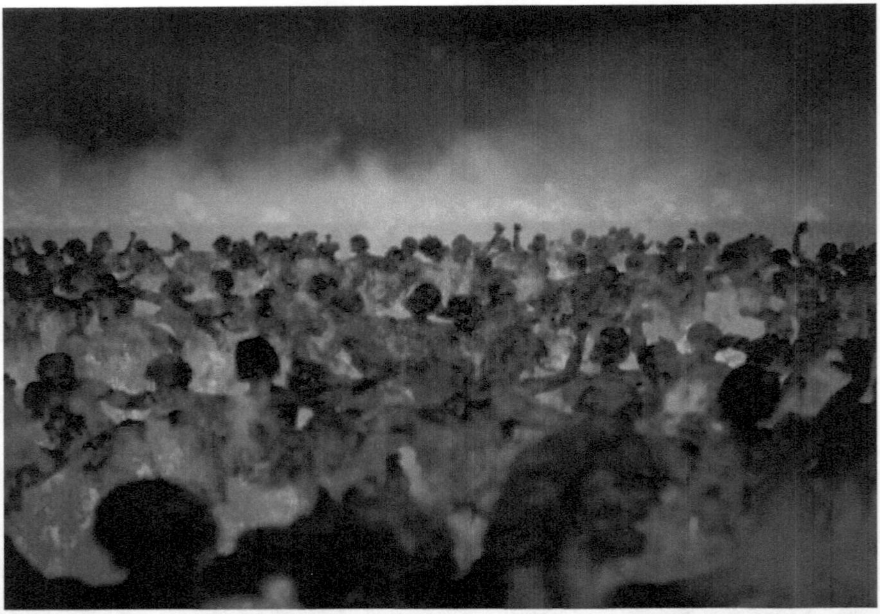

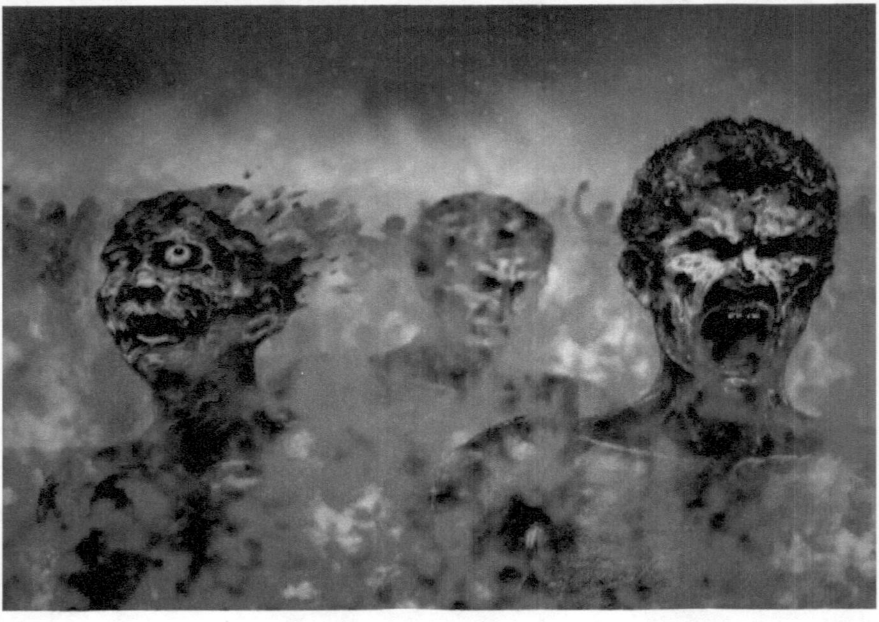

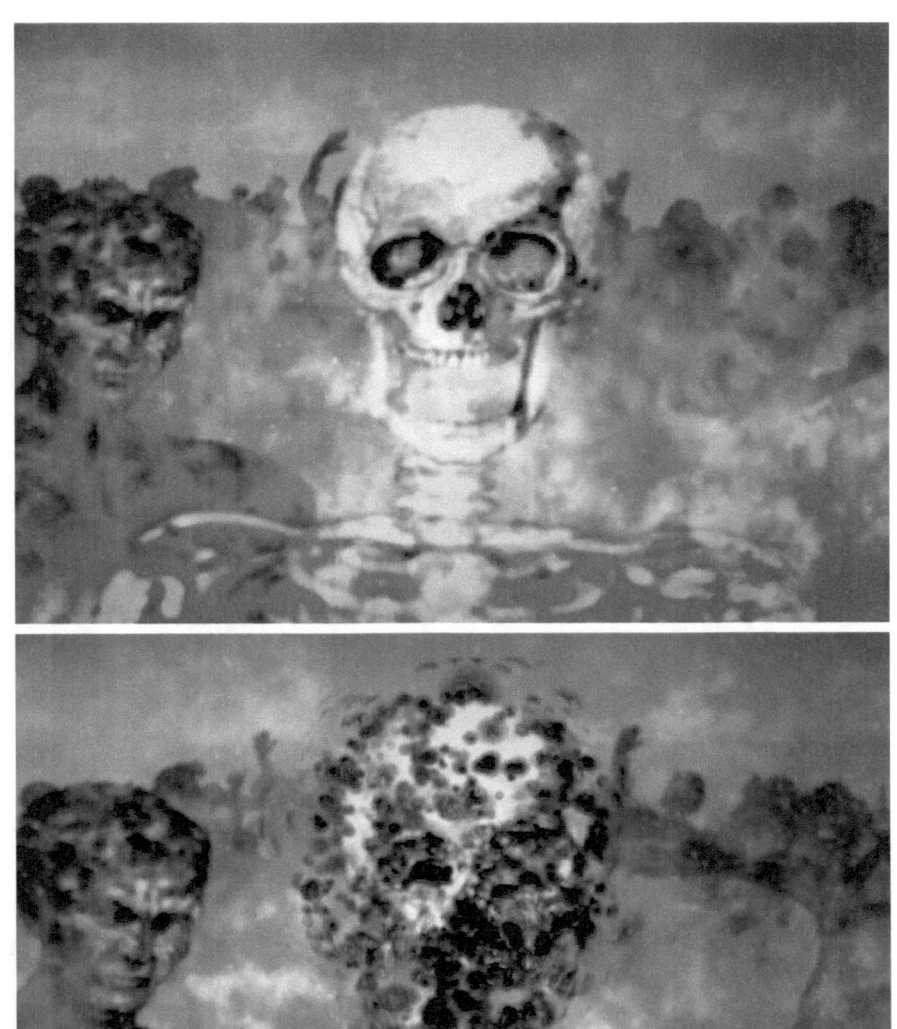

Själarna som har kastats i eldsjön hoppar av smärta och skriker så högt. Deras glansiga ögon blir otäckt blodfyllda och deras hjärnor spricker och vätska väller ut.

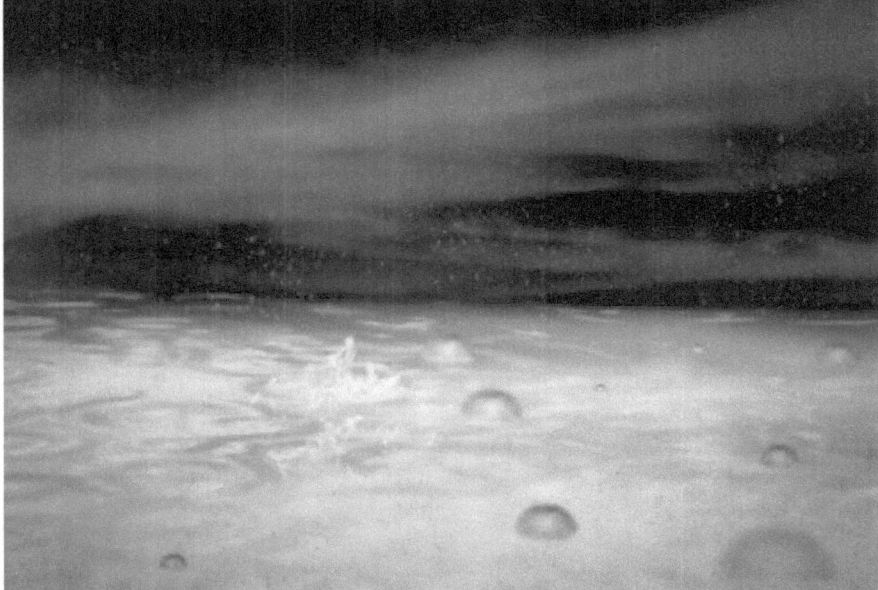

Om någon är på väg att dricka det som har smälts från järn i en brinnande järnugn, kommer de att få sina inre organ uppbrända. Själarna som kastats i sjön som brinner av eld och svavel kan inte klaga eller tänka på något annat än den tyranniserande smärtan.

"Så dog den fattige och fördes
av änglarna till platsen vid Abrahams sida.
Även den rike dog och begravdes. När han plågades i helvetet,
lyfte han blicken och fick se Abraham långt borta
och Lasarus hos honom.
Då ropade han: Fader Abraham, förbarma dig över mig
och skicka Lasarus att doppa fingerspetsen
i vatten för att svalka min tunga, ty jag plågas i denna eld.
Men Abraham svarade: Mitt barn,
kom ihåg att du fick ut ditt goda medan du levde,
under det att Lasarus fick ut det onda. Nu får han tröst och du plåga.
Och till allt detta kommer att det är
en stor gapande klyfta mellan oss och er,
för att de som vill gå över härifrån till
er inte skall kunna det och för att inte heller
någon därifrån skall kunna komma över till oss.
Den rike mannen sade: Då ber jag dig, fader,
att du skickar honom till min fars hus för att varna mina fem bröder,
så att inte de också kommer till detta pinorum.
Men Abraham sade: De har Mose och profeterna.
Dem skall de lyssna till. Nej, fader Abraham, svarade han,
men om någon kommer till dem från de döda, omvänder de sig.
Abraham sade till honom:
Lyssnar de inte till Mose och profeterna,
kommer de inte heller att bli övertygade ens
om någon uppstår från de döda."

Lukas 16:22-31

Helvetet

*[I helvetet] där deras mask inte dör och elden inte släcks.
Ty var och en skall saltas med eld.*
(Markus 9:48-49)

Helvetet

Dr. Jaerock Lee

Helvetet av Dr. Jaerock Lee
Utgiven av Urim Books (Representant: Seongnam Vin)
73, Yeouidaebang-ro 22-gil, Dongjak-gu, Seoul, Korea
www.urimbooks.com

Eftertryck förbjudes. Ingen del av boken eller boken i sin helhet får reproduceras i någon form, genom lagring i elektroniska medier eller överföring på något sätt eller genom något annat tillvägagångssätt, elektroniskt, mekaniskt, kopiering, samt bandinspelning eller liknande, utan tidigare inhämtat tillstånd från utgivaren.

Om inget annat anges är alla bibelcitat hämtade från Den Heliga Skriften, Svenska Folkbibeln.

Copyright © 2016 av Dr. Jaerock Lee
ISBN:979-11-263-0108-9   03230
Översättning till engelska, Copyright © 2010 av Dr. Esther K. Chung. Användes med tillstånd.

Tidigare utgiven på koreanska av Urim Books år 2002

Voorheen gepubliceerd in het Koreaans door Urim Books in 2002

Första utgåvan maj 2016

Redigerad av Dr. Geumsun Vin
Design av Editorial Bureau på Urim Books
Tryckt av Prione Printing Company
För mer information, kontakta: urimbook@hotmail.com

Förord

Med förhoppning om att denna bok kommer att tjäna som livets bröd som leder oändligt många själar till den sköna himlen genom att låta dem förstå Guds kärlek som vill att alla människor ska ta emot frälsning...

När människor idag hör om himlen och helvetet gensvarar de flesta negativt på det. "Hur kan jag tro på något sådant i denna naturvetenskapliga civilisation?", "Har du någonsin varit i himlen eller helvetet? eller "Det går inte att vet något om detta förrän efter man har dött."

Du måste få veta i förväg att det finns liv efter döden. Det är för sent efter att du har tagit ditt sista andetag. Efter det sista andetaget i den här världen kommer man aldrig mer ha någon chans att leva livet på nytt. Då väntar endast Guds dom då du kommer att få skörda det du sådde i den här världen.

Genom hela Bibeln har Gud redan uppenbarat vägen till frälsning för oss, att himlen och helvetet existerar, och domen som kommer att äga rum i enlighet med Guds ord. Han manifesterade underbara gärningar med sin kraft genom många gammaltestamentliga profeter och Jesus.

Än idag visar Gud dig att Han lever och att Bibeln är sann genom att manifestera samma mirakler, tecken och andra underbara kraftgärningar som finns nedskrivna i Bibeln genom sina mest lojala och trofasta tjänare. Trots mängder med bevis på Hans gärningar finns det fortfarande dem som inte tror. Därför visar Gud sina barn himlen och helvetet, och uppmuntrar dem att vittna om vad de har sett över hela världen.

Kärlekens Gud har också uppenbarat himlen och helvetet för mig i detalj och uppmanat mig att proklamera budskapet över hela jorden då Kristi andra tillkommelse är väldigt nära.

När jag delade budskapet med de tragiska och upprörande scenerna i nedre graven som tillhör helvetet, såg jag hur en stor del av min församling skakade av bedrövelse och brast i gråt över de själar som får de fruktansvärda och hemska straffen i nedre graven.

Ofrälsta själar stannar bara i nedre graven tills det är dags för domen vid den stora vita tronen. Efter domen kommer ofrälsta själar antingen hamna i eldsjön eller i svavelsjön. Straffen i eldsjön och sjön som brinner med eld och svavel är betydligt hemskare än de i nedre graven.

Jag skriver vad Gud har uppenbarat för mig genom den Helige Andes verk baserat på Guds ord i Bibeln. Denna bok kan

Förord

kallas ett uppriktigt kärleksbudskap från vår Gud Fader som vill frälsa så många människor som möjligt genom att låta dem i förväg få veta om de eviga kvalen i helvetet.

Gud har utgivit sin ende Son för att dö på korset för att frälsa alla människor. Han vill också förhindra att en enda själ hamnar i det onda helvetet. Gud värderar varje själ värdefullare än hela världen och därför blir Han så överväldigande förtjust och glad, och firar med himmelska härar och änglar när en enda blir frälst av tro.

Jag ger all ära och tack till Gud som har lett mig att publicera denna bok. Jag hoppas att du kommer förstå Guds hjärta som inte vill förlora en enda själ till helvetet och att du kommer att få tag på verklig tro. Vidare vill jag uppmana dig att outtröttligt proklamera evangeliet för alla de själar som i snabb takt är på väg mot helvetet.

Jag tackar också förlaget Urim Books och dess personal samt Geumsun Vin, direktör på redigeringsavdelningen. Jag hoppas att alla läsare kommer inse faktumet att det verkligen finns ett evigt liv efter döden samt att domen kommer att äga rum, och ta emot fullkomlig frälsning.

Jaerock Lee

Introduktion

Min bön är att oändligt många själar ska förstå helvetets kval, omvända sig, återvända från dödens väg, och bli frälsta...

Den Helige Ande inspirerade Rev. Dr. Jaerock Lee, huvudpastorn i Manmin Centralkyrkan att lära sig mer om livet efter döden och det fruktansvärda helvetet. Vi har sammanställt hans budskap och publicerar idag *Helvetet* så att så många människor som möjligt kan få en klar och rätt kunskap om helvetet. Jag ger all ära och tack till Gud.

Många människor är idag nyfikna på livet efter döden, men det är omöjligt för oss att få svar med vår begränsade kapacitet. Denna bok är en levande och omfattande beskrivning av helvetet som delvis har blivit uppenbarad för oss i Bibeln. *Helvetet* består av nio kapitel.

Introduktion

Kapitel 1, "Finns verkligen himlen och helvetet?" ger en överskådlig struktur av himlen och helvetet. Genom liknelsen om den rike mannen och tiggaren Lasarus i Lukas 16 förklaras övre graven – där frälsta själar från Gamla Testamentets tid har väntat och nedre graven – där ofrälsta själar plågas tills den stora domen.

I kapitel 2, "Vägen till frälsning för dem som aldrig har hört evangeliet" diskuteras domen över samvetet. Speciella kriterier i domen i många fall beskrivs också: ofödda foster från aborter och missfall, barn från födseln till fem års ålder, och barn från sex års ålder fram till barn i 10-12 års ålder.

Kapitel 3, "Nedre graven och helvetets budbärares identitet" går in på detaljer om en väntplats i nedre graven. Efter döden hamnar människor i en väntplats i nedre graven i tre dagar och sedan sänds de till olika platser i nedre graven efter hur allvarliga deras synder var, och blir plågsamt torterade tills det är dags för domen vid den stora vita tronen. De onda andarnas identitet som härskar i nedre graven blir också förklarade.

Kapitel 4, "Straff i nedre graven för ofrälsta barn" vittnar om att även somliga omogna barn som inte kan skilja mellan rätt och fel inte tar emot frälsning. De olika straffen för dessa barn är uppdelade i åldersgrupper: straff för foster och dibarn, småbarn, barn i åldern tre till fem, och barn från sex till tolv år.

Kapitel 5, "Straff för människor som dog efter puberteten" förklarar de straff som utmäts på människor i tonåren. Straffen för människor över tretton års ålder delas in i fyra kategorier efter graden av deras synder. Ju allvarligare människor syndar är desto större straff tar de emot.

Kapitel 6, "Straff för hädelse mot den Helige Ande", påminner läsaren om det som är skrivet i Bibeln, att det finns särskilda synder som är oförlåtliga från vilka man inte kan omvända sig. Kapitlet förklarar olika straff med detaljerade exempel.

Kapitel 7, "Frälsning under den stora vedermödan" varnar för att vi lever nära tidsålderns slut och att Herrens ankomst är väldigt nära. Detta kapitel förklarar detaljerat om vad som händer vid Kristi ankomst, och att människor som blivit lämnade kvar till vedermödan endast kan bli frälsta genom martyrskap. Kapitlet uppmanar dig också förbereda dig själv som en underbar brud åt Herren Jesu så du kan vara med om den sjuåriga bröllopsbanketten, och att undvika att bli lämnad kvar efter uppryckelsen.

Kapitel 8, "Straffen i helvetet efter den stora domen", går i detalj igenom domen efter tusenårsriket, hur ofrälsta själar flyttas från nedre graven till helvetet, olika straff som utmäts över dem, och onda andars slut och även deras straff.

Kapitel 9, "Varför var kärlekens Gud tvungen att göra helvetet?" förklarar Guds överväldigande och överflödande kärlek som demonstrerades genom offret av Hans ende Son. Det sista kapitlet förklarar detaljerat varför denne kärlekens Gud var tvungen att göra helvetet.

Helvetet uppmuntrar dig också att förstå Guds kärlek som vill att alla människor ska ta emot frälsning och hålla sig vaken i tron. *Helvetet* avslutas med en uppmaning om att leda så många

Introduktion

själar som möjligt till vägen till frälsning.

Gud är full av barmhärtighet och medlidande, och är kärleken själv. Med samma hjärta som fadern som väntade på att hans förlorade son skulle komma tillbaka, väntar Gud idag ivrigt på alla förlorade själar, att de ska göra sig av med alla synder och ta emot frälsning.

Därför hoppas jag uppriktigt att många, många själar över hela världen skall förstå och inse att detta fruktansvärda helvete verkligen existerar, och snart komma tillbaka till Gud. Jag ber också i Jesu Kristi namn att alla troende i Herren skall hålla sig själva alerta och vakna, och leda så många människor de kan till himlen.

Geumsun Vin
Direktör Redigeringsavdelningen

Innehåll

Förord

Introduktion

Kapitel 1 –

Finns verkligen himlen och helvetet? • 1

1. Himlen och helvetet finns verkligen
2. Liknelsen om den rike mannen och tiggaren Lasarus
3. Himlen och helvetets uppbyggnad
4. Övre graven och paradiset
5. Nedre graven, en väntplats på väg till helvetet

Kapitel 2 –

Vägen till frälsning för dem som aldrig har hört evangeliet • 25

1. Domen över samvetet
2. Ofödda barn vid aborter och missfall
3. Barn från födseln till fem års ålder
4. Barn från sex års ålder till 10-12 års ålder
5. Blev Adam och Eva frälsta?
6. Vad hände med den förste mördaren Kain?

Kapitel 3 –

Nedre graven och helvetets budbärares identitet • 57

1. Helvetets budbärare tar människor till nedre graven
2. En väntplats till de onda andarnas värld
3. Olika straff i nedre graven för olika synder
4. Lucifer styr nedre graven
5. Helvetets budbärares identitet

Kapitel 4 –

Straff i nedre graven för ofrälsta barn • 73

1. Foster och dibarn
2. Småbarn
3. Barn som kan gå och prata
4. Barn från sex till tolv års ålder
5. Småpojkarna som hånade profeten Elisa

Kapitel 5 –

Straff för människor som dog efter puberteten • 91

1. Den första straffnivån
2. Den andra straffnivån
3. Faraos straff
4. Den tredje straffnivån
5. Pontius Pilatus straff
6. Saul, den första kungen i Israels, straff
7. Den fjärde straffnivån för Judas Iskariot

Kapitel 6 –

Straff för hädelse mot den Helige Ande • 135

1. Lida i en gryta med kokande vätska
2. Klättra uppför en vertikal klippa
3. Brännmärkt i munnen med ett upphettat järn
4. Oerhört stora tortyrmaskiner
5. Fastbunden vid en trädstam

Kapitel 7 –

Frälsning under den stora vedermödan • 165

1. Kristi ankomst och uppryckelsen
2. Den sjuåriga vedermödan
3. Martyrskap under den stora vedermödan
4. Kristi andra ankomst och tusenårsriket
5. Förbereda sig för att bli Herrens underbara brud

Kapitel 8 –

Straffen i helvetet efter den stora domen • 191

1. Ofrälsta själar hamnar i helvetet efter domen
2. Eldsjön och sjön som brinner av eld och svavel
3. Somliga förblir i nedre graven även efter domen
4. Onda andar hålls inspärrade i avgrunden
5. Var hamnar demonerna?

Kapitel 9 –

Varför var kärlekens Gud tvungen att göra helvetet? • 225

1. Guds tålamod och kärlek
2. Varför var kärlekens Gud tvungen att göra helvetet?
3. Gud vill att alla människor skall ta emot frälsningen
4. Frimodigt sprida evangeliet

Kapitel 1

Finns verkligen himlen och helvetet?

1. Himlen och helvetet finns verkligen
2. Liknelsen om den rike mannen och tiggaren Lasarus
3. Himlen och helvetets uppbyggnad
4. Övre graven och paradiset
5. Nedre graven, en väntplats på väg till helvetet

*"Han svarade dem:
Ni har fått lära känna himmelrikets hemligheter,
men det har inte de andra."*
- Matteus 13:11 -

*"Och om ditt öga förleder dig till synd,
så riv ut det! Det är bättre för dig att gå in
i Guds rike med ett öga än att med båda ögonen
i behåll kastas i Gehenna."*
- Markus 9:47 -

Finns verkligen himlen och helvetet?

De flesta människor är rädda för döden och lever med fruktan och ångest över att förlora sina liv. Trots detta söker de inte Gud eftersom de inte tror på ett liv efter döden. Dessutom verkar många människor som bekänner sin tro på Kristus misslyckas med att leva ett liv i tron. På grund av dårskap tvivlar människor och tror inte på ett liv efter döden, trots att Gud redan har uppenbarat för oss om livet efter döden, himlen och helvetet, i Bibeln.

Livet efter döden är en osynlig andlig värld. Därför kan människor inte förstå det om inte Gud tillåter dem att få veta. Himlen och helvetet existerar verkligen, som Bibeln upprepande har skrivit om. Det är därför Gud visar himlen och helvetet för många människor över hela världen och låter dem proklamera om detta till jordens alla ändar.

"Himlen och helvetet existerar verkligen."

"Himlen är en underbar och fascinerande plats medan helvetet är en fruktansvärd och ond plats, mer än vad man kan föreställa sig. Jag uppmanar dig på det starkaste att tro att det finns liv efter döden."

"Det är upp till dig om du vill komma till himlen eller helvetet. För att inte hamna i helvetet bör du omvända dig från alla dina synder omedelbart och acceptera Jesus Kristus."

"Helvetet finns verkligen. Det är där som människor kommer att lida i eld i evigheters evigheter. Det är också sant att himlen

Helvetet

finns. Himlen kan bli ditt permanenta hem."

Kärlekens Gud har förklarat himlen för mig sedan maj 1984. Han har också börjat förklara helvetet i detalj sedan mars 2000. Han bad mig sprida det jag lärt mig om himlen och helvetet över hela världen så att inte en enda ska bli straffad i eldsjön eller i sjön med brinner med eld och svavel.

Gud tillät mig en gång att visa en själ som led och klagade i ånger i nedre graven, dit alla dem som är bestämda till helvetet väntar med ångest. Själen vägrade acceptera Herren trots många möjligheter att höra evangeliet och slutligen hamnade han i helvetet efter döden. Följande var hans bekännelse:

Jag räknar dagarna.
Jag räknar, räknar, och räknar, men de är ändlösa.
Jag borde ha försökt acceptera Jesus Kristus
när de berättade för mig om Honom.
Vad skall jag nu göra?

Det är fullständigt meningslöst att ångra sig nu.
Jag vet inte vad jag skall göra.
Jag vill fly från detta lidande
Men jag vet inte vad jag skall göra.

Jag räknar en dag, två dagar, och tre dagar.
Men även om jag räknar dagarna,
så vet jag att det är meningslöst.

Mitt hjärta rivs i stycken.
Vad skall jag göra? Vad skall jag göra?
Hur kan jag bli fri från denna enorma pina?
Vad skall jag göra, o, min stackars själ?
Hur skall jag kunna uthärda?

1. Himlen och helvetet finns verkligen

Hebreerbrevet 9:27 skriver, *"Och liksom det är bestämt om människan att hon en gång skall dö och sedan dömas"*, är alla män och kvinnor bestämda till att dö och efter att de tagit sitt sista andetag kommer de antingen till himlen eller till helvetet efter domen.

Gud vill att alla skall komma in i himlen eftersom Han är kärlek. Gud förberedde Jesus Kristus innan tidens begynnelse och öppnade dörren till frälsning för varje människa när tiden var inne. Gud vill inte att en enda själ skall hamna i helvetet.

Romarbrevet 5:7-8 proklamerar att *"Knappast vill någon dö för en hederlig människa – kanske vågar någon gå i döden för den som är god. Men Gud bevisar sin kärlek till oss genom att Kristus dog i vårt ställe, medan vi ännu var syndare."* Gud demonstrerade verkligen sin kärlek till oss genom att förbehållslöst ge sin ende Son.

Dörren till frälsning står på vid gavel så att var och en som accepterar Jesus Kristus som sin personlige Frälsare blir frälst och kommer in i himlen. Men de flesta människorna är inte intresserade av himlen eller helvetet ens om de hör om det. En del av dem förföljer till och med dem som proklamerar evangeliet.

Det mest tragiska är att människor som hävdar att de tror på Gud fortfarande älskar världen och syndar eftersom de egentligen inte har något hopp om himlen och ingen fruktan för helvetet.

Genom vittnens skildringar och Bibeln

Himlen och helvetet finns i den andliga världen som verkligen existerar. Bibeln nämner många gånger att himlen och helvetet existerar. De som har varit till himlen eller helvetet vittnar också om dem. I Bibeln talar till exempel Gud om för oss hur fruktansvärt helvetet är så att vi kan få evigt liv i himlen istället för att hamna i helvetet efter döden.

> *"Om din hand förleder dig till synd, så hugg av den! Det är bättre för dig att gå in i livet stympad än att ha båda händerna i behåll och komma till Gehenna, till elden som aldrig släcks. Och om din fot förleder dig till synd, så hugg av den! Det är bättre för dig att gå in i livet halt än att ha båda fötterna i behåll och kastas i Gehenna. Och om ditt öga förleder dig till synd, så riv ut det! Det är bättre för dig att gå in i Guds rike med ett öga än att med båda ögonen i behåll kastas i Gehenna, där deras mask inte dör och elden inte släcks. Ty var och en skall saltas med eld"* (Markus 9:43-49).

De som har varit till helvetet vittnar om detsamma som

Bibeln proklamerar. I helvetet "dör inte deras mask, och elden släcks inte. Ty var och en skall saltas med eld."

Det är tydligt att himlen och helvetet kommer efter döden som det är skrivet i Bibeln. Därför bör du komma in i himlen genom att leva efter Guds ord och i ditt sinne tro att himlen och helvetet existerar.

Du bör inte klaga med ånger som själen ovan gjorde i ett lidande utan slut i graven eftersom han vägrade acceptera Herren trots de många möjligheter att höra om evangeliet han fick.

I Johannes 14:11-12 säger Jesus till oss, *"Tro mig: jag är i Fadern och Fadern är i mig. Om ni inte kan tro det, så tro för gärningarnas skull. Amen, amen säger jag er: Den som tror på mig skall utföra de gärningar som jag gör, och större än dessa skall han göra, ty jag går till Fadern."*

Du kan se att en person är en gudsman när kraftfulla gärningar bortom mänsklig kapacitet följer honom, och du kan också bekräfta att hans budskap är i enlighet med det sanna ordet från Gud.

Jag sprider Jesus Kristus, gör den levande Gudens kraftgärningar när jag har kampanjer över hela världen. När jag ber i namnet Jesus Kristus får många människor tro och tar emot frälsningen eftersom förundransvärda kraftgärningar sker: blinda ser, stumma talar, lama går, döda uppstår, och så vidare.

På det här sättet har Gud manifesterat sina kraftgärningar genom mig. Han har också i detalj förklarat himlen och helvetet och låter mig proklamera det över hela världen så att så många människor som möjligt skall kunna bli frälsta.

Idag är många människor nyfikna på livet efter döden – andevärlden – men det är omöjligt att tydligt förstå andevärlden med mänsklig kraft. Man kan delvis lära sig om den i Bibeln. Men när Gud förklarar upptäcker man att den Helige Ande, Anden som utforskar allt, till och med djupen i Gud, tydliggör det (1 Korinterbrevet 2:10).

Jag hoppas att du verkligen skall tro på min beskrivning av helvetet baserat på verser från Bibeln eftersom Gud själv förklarade det för mig medan jag var under Andens inspiration.

Varför proklamera Guds dom och straffen i helvetet?

När jag delar budskapet om helvetet blir de som har tro fyllda med den Helige Ande och lyssnar på det utan fruktan. Men det finns dem som blir hårdnackade och deras vanliga bekräftande gensvar som "Amen" eller "Ja" mattas gradvis ut under predikan.

Det värsta som kan hända är att människor med svag tro slutar att komma till gudstjänsterna eller till och med lämnar församlingen i fruktan, istället för att få sin tro bekräftad och bli stärkt i sitt hopp om att komma in i himlen.

Men trots detta måste jag förklara helvetet eftersom jag känner Guds hjärta. Gud är så orolig över människor som springer mot helvetet, som fortfarande lever i mörker, och som kompromissar med världens sätt att leva trots att somliga av dem bekänner sin tro på Jesus Kristus.

Därför kommer jag att förklara helvetet i detalj så att Guds barn kan bo i ljuset och överge mörkret. Gud vill att Hans barn skall omvända sig och komma in i himlen trots att de kanske känner fruktan och kanske obekväma när de hör om Guds dom och straffen i helvetet.

2. Liknelsen om den rike mannen och tiggaren Lasarus

I Lukas 16:19-31 hamnar både den rike mannen och tiggaren Lasarus i graven efter döden. Omständigheterna och omgivningarna i de två platserna som männen hamnade på skiljde sig drastiskt åt.

Den rike mannen var i stor pina i elden medan Lasarus var på Abrahams sida och en gapande klyfta skilde dem åt. Varför?

På Gamla Testamentets tid gavs Guds dom i enlighet med Mose lag. Den rike mannen fick straff i eld eftersom han inte hade trott på Gud, trots att han bodde i överflödande lyx i den här världen. Tiggaren kunde å andra sidan njuta av evig vila eftersom han hade trott på Gud trots att han var full av sår och längtade efter att äta av smulorna som föll från den rike mannens bord.

Livet efter döden bestäms av Guds dom

I Gamla Testamentet finner vi att våra förfäder i tron, inklusive Jakob och Job, hävdade att de skulle fara ner i graven[1]

---

[1] "I Svenska Folkbibeln översätts ordet "dödsriket" medan det i engelska översättningen står "graven."

efter sin död (1 Mosebok 37:35, Job 7:9). Kora och alla hans män som hade gjort uppror mot Mose for levande ner i graven, genom Guds vrede (4 Mosebok 16:33).

Det Gamla Testamentet nämner också "dödsriket." Graven är det svenska ordet för både "dödsriket" och "Hades." Och graven är uppdelad i två delar, Övre graven som tillhör himlen och nedre graven som tillhör helvetet.

Av detta förstår man att trons förfäder som till exempel Jakob och Job och tiggaren Lasarus hamnade i övre graven som hör till himlen medan Kora och den rike mannen hamnade i nedre graven som tillhör helvetet.

Det finns verkligen ett liv efter döden och alla män och kvinnor är bestämda att hamna i himlen eller i helvetet beroende på Guds dom. Jag uppmanar dig allvarligt att tro på Gud så att du kan räddas undan helvetet.

3. Himlen och helvetets uppbyggnad

Bibeln använder olika namn på himlen och helvetet. Men du måste förstå att himlen och helvetet inte är samma plats.

Himlens namn är med andra ord "övre graven", "paradiset" eller "Nya Jerusalem." Det beror på att himlen, där de frälsta själarna bor, är kategoriserad och uppdelad i många olika platser.

Som jag redan har förklarat i budskapen om *"Måttet av Tro"* och *"Himlen I & II"*, kan du bo närmare Guds tron i Nya Jerusalem efter hur mycket du efterliknar den förlorade avbilden till Gud Fadern. Beroende på ditt mått av tro kan du också hamna i det tredje kungadömet, det andra kungadömet, eller det första kungadömet i himlen. De som nätt och jämt blir frälsta hamnar i paradiset.

Boplatsen för de ofrälsta själarna och onda andarna heter med andra ord "eldsjön", "sjön som brinner med eld och svavel", eller "avgrunden (den bottenlösa hålan)." Precis som himlen är uppdelad i många platser är även helvetet uppdelad i många platser eftersom varje själs boplats beror på måttet av onda gärningar man har gjort i den här världen.

Diagram (uppåtpekande triangel, uppifrån och ned):
- Nya Jerusalem
- Det tredje kungadömet
- Det andra kungadömet
- Det första kungadömet
- Paradiset
- Övre graven
- Klyfta

Diagram (nedåtpekande triangel, uppifrån och ned):
- Nedre graven (Hades)
- Eldsjön
- Sjön som brinner av eld och svavel
- Avgrunden (bottenlösa hålan)

Himlen och helvetets uppbyggnad

Föreställ dig en diamants form ($\Diamond$) för att bättre kunna förstå himlens och helvetets uppbyggnad. Om formen delas itu blir det en triangel ($\triangle$) och en upp-och-nervänd triangel ($\triangledown$). Låt oss anta att den uppåtpekande triangeln representerar himlen och den nedåtpekande triangeln representerar helvetet.

Den högsta delen av den uppåtpekande triangeln är Nya Jerusalem medan den lägsta delen av den är övre graven. Med andra ord ligger paradiset, det första kungadömet, andra kungadömet, tredje kungadömet och Nya Jerusalem över övre graven.

Men du skall inte tänka på de olika kungadömena som den första, andra och tredje våningen i byggnader i den här världen. I andevärlden är det omöjligt att dra en gräns och separera landområden som man gör här i den här världen och att beskriva dess form. Jag kan endast förklara det på det här sättet för att få köttsliga människor att förstå himlen och helvetet tydligare.

I den uppåtpekande triangeln är spetsen Nya Jerusalem medan den lägsta delen är övre graven. Ju högre du därmed kommer i triangeln, desto bättre plats i himlen kommer du att finna.

I den andra figuren, den nedåtpekande triangeln, är den högsta och bredaste delen nedre graven. Ju närmare man kommer botten, desto djupare i helvetet kommer man; nedre graven, eldsjön, sjön med eldstenar, och avgrunden. Avgrunden nämns i Lukas evangelium och Uppenbarelseboken och hänvisar till den djupaste platsen i helvetet.

I den uppåtpekande triangeln blir området smalare ju högre upp du kommer från botten – från paradiset till Nya Jerusalem. Denna form visar dig att det antal som kommer in i Nya Jerusalem är väldigt litet jämfört med det antal människor som kommer in i paradiset, det första, andra och tredje kungadömet i himlen. Det beror på att endast de som uppnår helighet och fullkomlighet genom helgelse i sina hjärtan, som följer Gud Faderns hjärta, kan komma in i Nya Jerusalem.

Som du kan se i den nedåtpekande triangeln är det

jämförelsevis färre personer som kommer ner i det djupaste av helvetet eftersom endast de vars samveten har blivit brännmärka och som har begått den värsta ondskan kastas ner i denna plats. Ett stort antal människor som har begått relativt små synder hamnar i den övre, bredare delen av helvetet.

På det sättet kan man föreställa sig himlen och helvetet, som en form av en diamant. Men tänk nu inte att himlen är som en uppåtpekande triangel eller att helvetet är som en nedåtpekande triangeln.

Gapande klyfta mellan himlen och helvetet

Det finns en gapande klyfta mellan den uppåtpekande triangeln – himlen – och den nedåtpekande triangeln – helvetet. Himlen och helvetet är inte angränsande till varandra utan åtskiljs med ett enormt avstånd, mer än vad man kan föreställa sig.

Gud har gjort en gräns på ett sådant tydligt sätt så att själar i himlen och helvetet inte skall kunna resa fram och tillbaka mellan himlen och helvetet. Bara i speciella fall, tillåtna av Gud, är det möjligt att se och tala med varandra på det sätt som den rike mannen och Abraham gjorde.

Mellan de två symmetriska trianglarna finns det en gapande klyfta. Människor kan inte komma och gå från himlen till helvetet, och vice versa. Men om Gud tillåter kan människor i himlen och helvetet se, höra och tala med varandra i anden trots avståndet.

Kanske du lättare kan förstå detta om du tänker på hur vi kan tala med människor på andra sidan jordklotet genom telefon eller till och med tala ansikte mot ansikte via skärmar över satelliter tack vare den snabba utvecklingen i naturvetenskapen och teknologin.

Trots att det finns en stor gapande klyfta mellan himlen och helvetet kunde den rike mannen se att Lasarus vilade vid Abrahams sida och han talade med Abraham i anden med Guds tillåtelse.

4. Övre graven och paradiset

För att säga rätt, övre graven är inte en del av himlen utan kan anses tillhöra himlen medan nedre graven är en del av helvetet. Rollen som övre graven har från Gamla till Nya Testamentet förändrats.

Övre graven på Gamla Testamentets tid

På Gamla Testamentets tid väntade frälsta själar i övre graven. Trons förfader Abraham hade ansvar för övre graven och det är därför det nämns att Lasarus var vid Abrahams sida.

Men alltsedan Jesu uppståndelse och himmelsfärd hamnar frälsta själar inte längre vid Abrahams sida utan flyttas över till paradiset och är vid Herrens sida. Det är därför som Jesus säger i Lukas 23:43, *"Amen säger jag dig: I dag skall du vara med mig i paradiset"*, till en av rövarna som omvände sig och tog emot Jesus som sin Frälsare medan Jesus hängde på korset (Lukas

23:43).

Gick Jesus direkt till paradiset efter sin korsfästelse? 1 Petrusbrevet 3:18-19 säger oss, *"så led också Kristus en gång för våra synder. Rättfärdig led han i orättfärdigas ställe, för att föra oss till Gud. Han blev dödad till köttet, men levandegjord genom Anden. I Anden gick han bort och utropade ett budskap för andarna i fängelset."*

I den här versen kan du se att Jesus predikade evangeliet till alla själar i övre graven som väntade på att bli frälsta. Jag kommer att ta upp detta mer i detalj i kapitel 2.

Jesus som hade predikat evangelium under tre dagar i övre graven, förde själarna som skulle bli frälsta till paradiset när Han uppstod och steg upp till himlen. Idag förbereder Jesus en plats för oss i himlen som Han sa, *"jag går bort för att bereda plats åt er"* (Johannes 14:2)

Paradiset på Nya Testamentets tid

Frälsta själar är inte längre i övre graven efter att Jesus har öppnat dörren till frälsning på vid gavel. De stannar i utkanten av paradiset, i himlens väntrum tills den mänskliga kultiveringen är över. Efter domen vid den stora vita tronen kommer var och en av dem komma till sin egen plats i himlen efter det mått av individuell tro de har och bo där i evigheternas evighet.

Alla frälsta själar väntar i paradiset i Nya Testamentets tid. Somliga undrar hur det är möjligt för så många människor att bo i paradiset eftersom så oändligt många människor har blivit frälsta sedan Adam. "Pastor Lee! Hur är det möjligt för så många människor att bo i paradiset? Jag är rädd att det inte är tillräckligt stort för alla människor att bo där tillsammans, även om det är väldigt stort?"

Solsystemet som vår jord tillhör är som en liten prick jämfört med hela galaxen. Kan du föreställa dig hur stor galaxen är? Men galaxen är endast en liten prick jämfört med universum. Kan du föreställa dig hur stort universum är?

Det enorma universum vi lever i är bara ett av oändligt många universum, och hela universum är långt bortom vår föreställningsförmåga. Om det då är omöjligt för dig att förställa dig det fysiska universums vidd, hur kan du då ens tro att du skall kunna förstå himlens vidd, som är i andevärlden?

Bara paradiset är större än vad man ens kan föreställa sig. Det är ett omätligt avstånd från den närmaste punkten till det första kungadömet till paradisets gränser. Kan du nu föreställa dig hur vidsträckt bara paradiset är?

Själar får andlig kunskap i paradiset

Trots att paradiset är en väntplats på väg till himlen, är det inte en trist och liten plats. Det är så vackert att det inte ens kan jämföras med det mest häpnadsväckande landskapen i den här världen.

Väntande själar i paradiset inhämtar andlig kunskap från somliga av profeterna. De lär sig om Gud och himlen, den andliga lagen, och annan nödvändig andlig kunskap. Det finns ingen begränsning vad gäller andlig kunskap. Studier där är helt annorlunda studierna här i världen. Det är inte svårt eller tråkigt.

Ju mer man lär sig desto mer nåd och glädje får man.

De som är rena och ödmjuka i hjärtat kan till och med i den här världen få en stor andlig kunskap genom kommunikation med Gud. Man kan också förstå många ting genom den Helige Andes inspiration när man ser det med sina andliga ögon. Man kan uppleva Guds andliga kraft till och med i den här världen eftersom man förstår andliga lagar vad gäller tro och uppleva Guds svar på sina böner efter den grad man omskär sitt hjärta.

Hur lycklig och fullständigt tillfredsställd blir du när du lär dig om andliga ting och får uppleva dem här i världen? Tänk dig då hur mycket lyckligare och glädjefylld du kommer att bli när du får djupare andlig kunskap i paradiset som tillhör himlen.

Var bor då dessa profeter? Bor de i paradiset? Nej. Själar som kvalificerats att komma in i Nya Jerusalem väntar inte i paradiset utan i Nya Jerusalem där de hjälper Gud med Hans verk där.

Abraham har tagit hand om övre graven före Jesu korsfästelse. Men efter Jesu uppståndelse och himmelsfärd, kom Abraham till Nya Jerusalem eftersom han hade fullgjort sin uppgift i övre graven. På vilken plats var Mose och Elia medan Abraham var i övre graven? De var inte i paradiset utan redan i Nya Jerusalem eftersom de hade kvalificerats för att komma in i Nya Jerusalem (Matteus 17:1-3).

Övre graven under Nya Testamentets tid

Du kanske har sett någon film där en mans själ som liknar

hans egen fysiska kropp separeras från kroppen efter döden och följer antingen änglar från himlen eller budbärare från helvetet. Faktum är att en frälst själ leds till himlen av två änglar i vita dräkter efter att hans själ skiljts från sin kropp i den stund han dör. Den som vet eller lär sig detta kommer inte bli chockerad om hans själ skiljs från sin kropp när han dör. En som inte känner till detta kommer däremot bli chockad över att se en annan person som ser exakt likadan ut som han själv, skild från hans kropp.

En själ som skiljs från den fysiska kroppen kommer att känna sig mycket konstig och annorlunda till en början. Det nya tillståndet är väldigt annorlunda från det tidigare tillståndet eftersom man nu upplever enorma förändringar efter att ha levt i den tredimensionella världen men nu i den fyrdimensionella.

Den separerade själen känner ingen kroppstyngd och kan känna sig frestad att ge sig av eftersom kroppen känns mycket lätt. Det är därför det är nödvändigt med en tid då man får lära sig grundläggande information om hur man anpassar sig till den andliga världen. Därför stannar frälsta själar i nytestamentlig tid i övre graven för att försöka anpassa sig till den andliga världen innan de kan komma in i paradiset.

5. Nedre graven, en väntplats på väg till helvetet

Den allra översta delen av helvetet är nedre graven. Längre ner i helvetet finns eldsjön, sjön som brinner med eld och svavel, och avgrunden, den djupaste delen i helvetet. Sedan tidernas begynnelse hamnar ofrälsta själar i nedre graven, inte i helvetet. Många människor hävdar att de har varit till helvetet. Jag kan säga att de i själva verket har sett torteringsplatser i nedre graven. Det beror på att ofrälsta själar hamnar på olika platser i nedre graven allt efter deras synders allvarlighetsgrad och ondska, och så småningom kommer de att kastas i eldsjön eller sjön som brinner med eld och svavel efter domen vid den stora vita tronen.

De ofrälsta själarnas lidanden i nedre graven

I Lukas 16:24 är de lidanden som den rike mannen fick uppleva i nedre graven väl beskrivna. I sin ångest ber den rike mannen om en droppe vatten, *"Fader Abraham, förbarma dig över mig och skicka Lasarus att doppa fingerspetsen i vatten för att svalka min tunga, ty jag plågas i denna eld."*

Hur är det möjligt att själarna inte bli livrädda och skaka av blodisande fruktan då de konstant blir torterade mitt bland andra människors ångestskrik i den rasande elden utan hopp om död i helvetet, där masken aldrig dör, och elden aldrig utsläcks?

Brutala budbärare från helvetet torterar själarna i detta becksvarta mörker i nedre graven. Hela platsen är så omgiven av blodslukt och fruktansvärd stank från ruttnande lik, att det till och med väldigt svårt att andas. Ändå kan straffen i helvetet inte ens jämföras med de i nedre graven.

I kapitel 3 och vidare kommer jag i detalj ta upp specifika exempel på vilken fruktansvärd plats nedre graven är och vilka slags ofattbara straff som utmäts i eldsjön och sjön som brinner med eld och svavel.

De ofrälsta själarna är så ångerfulla i nedre graven

I Lukas 16:27-30 trodde inte den rike mannen att helvetet existerade men han insåg sin dåraktighet och ångrade sig bittert i elden efter sin död. Den rike mannen bad att Abraham skulle skicka tillbaka Lasarus till hans bröder så att de inte skulle hamna i helvetet.

> *"Då ber jag dig, fader, att du skickar honom till min fars hus för att varna mina fem bröder, så att inte de också kommer till detta pinorum. Men Abraham sade: De har Mose och profeterna. Dem skall de lyssna till. Nej, fader Abraham, svarade han, men om någon kommer till dem från de döda, omvänder de sig."*

Vad skulle den rike mannen sagt till sina bröder om han hade fått chans att prata med dem ansikte mot ansikte? Han skulle säkerligen ha sagt till dem, "Jag vet med säkerhet att det finns ett helvete. Se till att ni lever efter Guds ord och inte hamnar i helvetet för helvetet är en hårresande och fruktansvärd plats."

I sin ändlösa, ångestfyllda smärta och lidande ville den rike mannen uppriktigt rädda sina bröder från att komma till helvetet, och det finns inget tvivel om att han hade ett relativt gott hjärta. Hur är det med människor idag?

Gud visade mig en gång ett gift par som plågades i helvetet eftersom de hade övergett Gud och lämnat församlingen. I helvetet förbannade, hatade och skyllde de på varandra, och ville till och med att mer smärta skulle komma över den andre.

Den rike mannen ville att hans bröder skulle räddas för att han hade ett någorlunda gott hjärta. Ändå måste du komma ihåg att den rike mannen trots allt kastades i helvetet. Du måste också komma ihåg att du inte bara kan få frälsning genom att säga "Jag tror."

Det är bestämt om människan att en gång dö och sedan hamna antingen i himlen eller i helvetet efter döden. Därför ska du inte vara dåraktig utan bli en sann troende.

En vis människa förbereder sig för livet efter döden

Visa människor förbereder sig för livet efter döden medan de flesta andra kämpar och arbetar så hårt för att bygga upp sitt rykte och få ära, makt, rikedom, framgång och långt liv i den här världen.

Visa människor samlar sin rikedom i himlen i enlighet med Guds ord eftersom de vet alltför väl att de inte kan ta med sig något i graven.

Du kan ha hört vittnesbörd från de som inte kunnat hitta sina hus i himlen när de besökte den trots att de ansåg sig tro på Gud och levde sina liv i Kristus. Du kan få ett stort och vackert hus i himlen om du troget samlar dina skatter i himlen medan du lever som Guds dyrbara barn i denna värld!

Du är verkligen välsignad och vis om du kämpar för att få och behålla en säker tro för att komma in i den underbara himlen och om du troget samlar din belöning i himlen genom tro och förbereder dig själv som brud till Herren, som snart skall återvända.

När en människa väl har dött kan han inte leva om sitt liv. Se därför till att du har tro och vet om att himlen och helvetet verkligen existerar. Och eftersom du vet att ofrälsta själar blir fasansfullt torterade i helvetet, borde du i tillägg proklamera himlen och helvetet till alla som du möter i det här livet. Bara föreställ dig hur nöjd Gud kommer att vara över dig!

De som proklamerar Guds kärlek, som vill leda alla människor till vägen till frälsning, kommer att bli välsignade i det här livet och också skina likt solen i himlen.

Jag hoppas att du kommer att tro på den levande Guden som dömer och belönar dig, och försöker bli ett sant Guds barn. Jag ber i Herrens namn att du skall leda så många människor som möjligt tillbaka till Gud och frälsning, och bli mycket uppskattad av Gud.

Kapitel 2

Vägen till frälsning för dem som aldrig har hört evangeliet

1. Domen över samvetet
2. Ofödda barn vid aborter och missfall
3. Barn från födseln till fem års ålder
4. Barn från sex års ålder till 10-12 års ålder
5. Blev Adam och Eva frälsta?
6. Vad hände med den förste mördaren Kain?

*"Ty när hedningar som saknar lagen,
av naturen gör vad lagen befaller,
då är de sin egen lag, fastän de inte har lagen.
De visar att det som lagen kräver
är skrivet i deras hjärtan.
Om det vittnar också deras samveten och,
när de är tillsammans, deras tankar,
som anklagar eller försvarar dem."*
- Romarbrevet 2:14-15 -

*Men Herren sade till honom:
"Kain skall bli hämnad sjufalt,
vem som än dödar honom."*
- 1 Mosebok 4:15 -

Gud bevisade sin kärlek till oss genom att ge sin ende Son Jesus Kristus till att korsfästas för alla människors frälsning.

Föräldrar älskar sina små barn men de vill att deras barn skall bli tillräckligt mogna för att förstå deras hjärtan och kunna dela deras glädje och smärta.

På samma sätt vill Gud att alla människor skall bli frälsta. Gud vill dessutom att Hans barn skall bli tillräckligt mogna i tron till att lära känna Gud Faderns hjärta och dela djup kärlek med Honom. Det är därför som aposteln Paulus skriver i 1 Timoteusbrevet 2:4 att Gud vill att alla människor skall bli frälsta och komma till insikt om sanningen.

Du behöver förstå att Gud visar helvetet och den andliga världen i detalj eftersom Gud i sin kärlek vill att alla människor skall ta emot frälsning och bli fullständigt mogna i tron.

I det här kapitlet kommer jag närmare förklara om det är möjligt för dem som har dött utan att känna Jesus Kristus att bli frälsta.

1. Domen över samvetet

Många människor som inte tro på Gud tror ändå att himlen och helvetet finns men den kan inte komma in i himlen bara för att de tror att himlen och helvetet finns.

Som Jesus säger till oss i Johannes 14:6, *"Jag är vägen och sanningen och livet. Ingen kommer till Fadern utom genom mig"*, kan man endast bli frälst och komma in i himlen genom Jesus Kristus.

Hur kan man då bli frälst? Aposteln Paulus visar oss i Romarbrevet 10:9-10 en väg till konkret frälsning:

> *Om du därför med din mun bekänner att Jesus är Herren och i ditt hjärta tror att Gud har uppväckt honom från de döda, skall du bli frälst. Ty med hjärtat tror man och blir rättfärdig, med munnen bekänner man och blir frälst.*

Låt oss anta att det finns människor som inte känner till Jesus Kristus. Det leder då till att de inte bekänner att "Jesus är Herren." Inte heller tror de på Jesus Kristus i sina hjärtan. Är det då så att ingen av dem kan bli frälsta?

Många människor levde på jorden innan Jesus kom till jorden. Till och med under nytestamentlig tid finns det människor som har dött utan att ens höra evangeliet. Kan dessa människor bli frälsta?

Vad händer med de människor som dör så tidigt att de aldrig hann mogna eller bli tillräckligt visa för att erkänna tron? Vad händer med ofödda barn som dog i aborter och missfall? Hamnar de ovillkorligen i helvetet för att de inte trodde på Jesus Kristus? Nej, det gör de inte.

Kärlekens Gud öppnar dörren till frälsning för var och en i sin rättfärdighet genom "domen över samvetet."

De som sökte gud och levde med gott samvete

Romarbrevet 1:20 uttrycker att *"Ända från världens skapelse ses och uppfattas hans osynliga egenskaper, hans eviga makt och gudomliga natur genom de verk som han har skapat. Därför är de utan ursäkt."* Det är därför människor med goda hjärtan tror att det finns en gud genom att se på allt som skapats.

Predikaren 3:11 berättar för oss att Gud har lagt evigheten i människornas hjärtan. Det innebär att goda människor i sin natur söker efter gud och har en förnimmelse om att det finns ett liv efter döden. Goda människor fruktar himlarna och försöker leva goda rättfärdiga liv trots att de kanske aldrig har hört evangeliet. Därför lever de efter sina gudars vilja till en viss grad. Om de bara hade hört evangeliet skulle de säkerligen ha accepterat Herren och kommit in i himlen.

Av den här orsaken tillåter Gud goda själar att hamna i övre graven som ett sätt att leda dem till himlen, tills dess att Jesus dog på korset. Efter Jesu korsfästelse leder Gud dem till frälsning genom Jesu blod genom att låta dem höra om evangeliet.

Hör evangeliet i övre graven

Bibeln berättar för oss att Jesus utropade evangeliet i övre graven efter att Han dog på korset.

Som 1 Petrusbrevet 3:18-19 uttrycker det *"Så led också Kristus en gång för våra synder. Rättfärdig led han i orättfärdigas ställe, för att föra oss till Gud. Han blev dödad till köttet, men levandegjord genom Anden. I Anden gick han bort och utropade ett budskap för andarna i fängelset"*, utropade Jesus evangeliet till själarna i Övre graven så att de också skulle kunna bli frälsta genom Hans blod.

I det att de fick höra evangeliet fick människorna som aldrig i sin livstid hade hört äntligen en möjlighet att lära känna Jesus Kristus och bli frälsta.

Gud har inte gett något annat namn än Jesus Kristus för att leda människan till frälsning (Apostlagärningarna 4:12). Till och med de som inte hade möjlighet att höra evangeliet under nytestamentlig tid blir frälsta genom domen över samvetet. De hamnar i övre graven under tre dagar för att höra evangeliet och sedan komma in i himlen.

Människor med ett orent samvete söker aldrig Gud och lever i synd och ger sig hän till sina egna passioner. De skulle inte tro på evangelium även om de fick höra det. Efter döden sänds de till nedre graven där de får straff och till slut, efter domen vid den stora vita tronen, hamnar de i helvetet.

Domen över samvetet

Det är omöjligt för någon att döma en annan människas samvete korrekt eftersom en vanlig människa inte kan bedöma andra människors hjärtan korrekt. Men den allsmäktige Guden kan urskilja varje människas hjärta och ge en rättvis dom.

Romarbrevet 2:14-15 förklarar domen över samvetet. Goda människor vet vad som är gott och ont eftersom deras samvete tillåter dem att veta lagens krav:

> *Ty när hedningar som saknar lagen, av naturen gör vad lagen befaller, då är de sin egen lag, fastän de inte har lagen. De visar att det som lagen kräver är*

> skrivet i deras hjärtan. Om det vittnar också deras samveten och, när de är tillsammans, deras tankar, som anklagar eller försvarar dem.

Därför följer goda människor inte ondskans väg utan det godas väg i deras liv. Det leder till, i enlighet med domen över samvetet, att de hamnar i övre graven under tre dagar under vilka de hör evangeliet och blir frälsta.

Man kan ta Amiral Soonhin Lee[2] som ett exempel på en person som levde i godhet utifrån sitt goda samvete. Amiral Lee levde i sanning trots att han inte kände Jesus Kristus. Han var alltid lojal mot sin kung, sitt land, och folket han var satt att beskydda. Han var god och trogen sina föräldrar och älskade sina bröder. Han satte aldrig sina egna intressen före andras, och sökte aldrig ära, makt eller rikedom. Han tjänade endast och offrade sig själv för sina medmänniskor och folket.

Man kunde inte hitta något spår av ondska i honom. Amiral Lee blev landsförvisad men klagade aldrig eller ville hämnas sin fiende när han blev felaktigt anklagad. Han protesterade inte mot kungen när denne, som hade landsförvisat honom, beordrade honom ut på stridsfältet. Istället tackade han kungen av hela sitt hjärta, fick ordning på trupperna på nytt, och slogs i striden med risk för sitt eget liv. Han fann också tid att be till en gud på sina knän eftersom han erkände dennes existens. Varför

---

[2] Amiral Lee var överbefälhavare över flottan för Chosun dynastin i Korea under 1500-talet, red. amn.

skulle Gud inte låta honom komma in i himlen?

De som inte inkluderas i domen över samvetet

Kan de människor som har hört evangeliet men som inte trodde på Gud bli aktuella för domen över samvetet?

Om din familj inte har accepterat evangeliet efter att de har hört det från dig kan de inte bli aktuella för domen över samvetet. Det är rättvist att de inte blir frälsta om de förkastade evangeliet trots att de hade många möjligheter att välja det.

Men du borde fortsätta att troget proklamera ut de goda nyheterna eftersom även om människorna är onda nog att hamna i helvetet, kan du ge dem fler möjligheter att ta emot frälsningen genom ditt arbete.

Varje Guds barn är skuldsatt gentemot evangeliet och har en skyldighet att sprida det. Gud kommer att ifrågasätta dig på domens dag om du aldrig proklamerade evangeliet till din familj, inklusive dina föräldrar, syskon, och dina släktingar, och så vidare. "Varför evangeliserade du inte dina föräldrar och syskon?", "Varför evangeliserade du inte dina barn?", "Varför evangeliserade du inte dina vänner?"

Om du verkligen förstod Guds kärlek som till och med offrade sin ende Son, och om du verkligen känner Herrens kärlek som dog på korset för oss borde du sprida de goda nyheterna till människor dag ut och dag in.

Att frälsa själar är det enda sättet att släcka Herrens törst som ropade på korset, "Jag törstar", och betala tillbaka för Herrens blod.

2. Ofödda barn vid aborter och missfall

Vad händer med ofödda barn som dog i missfall innan de föddes? Efter den fysiska döden är människans ande bestämd till att antingen hamna i himlen eller i helvetet eftersom människans ande, även fast den är så ung, inte kan förgöras.

Anden ges fem månader efter befruktning

När får fostret en ande? En ande ges inte till fostret förrän den sjätte graviditetsmånaden.

I enlighet med medicinsk forskning utvecklar fostret, fem månader efter befruktningen, organ, ögon, och ögonlock. Hjärnloberna som aktiverar lillhjärnan formas också fem till sex månader efter befruktningen.

När fostret är sex månader gammalt ges en ande till den och den har så gott som formen av en människa. Fostret hamnar inte i helvetet eller himlen vid missfall innan anden har getts till fostret eftersom ett foster utan ande är som ett djur.

Predikaren 3:21 säger, *"Vem vet om människornas ande stiger uppåt eller om djurens ande far ner under jorden?"* "Människornas ande" här pekar på det som kombinerats med människans ande som gavs av Gud och som gör att människan söker Gud och hans själ som gör att han kan tänka och lyda Guds ord, medan "djurens ande" bara syftar på själen, systemet som gör att man kan tänka och handla.

Ett djur blir utplånat när det dör eftersom det bara har en själ och inte en ande. Ett foster som är mindre än fem graviditetsmånader har inte en ande. Om det då dör, kommer det att bli utplånat på samma sätt som ett djur.

Abort är en lika allvarlig synd som mord

Men är det då en synd att abortera ett foster som är mindre än fem månader eftersom det inte har någon ande i sig? Du skall inte begå en synd av att abortera ett foster oavsett när en ande ges till fostret, och komma ihåg att Gud alena är den som råder över människans liv.

I Psaltaren 139:15-16 skrev psalmisten, *"Benen i min kropp var inte osynliga för dig, när jag formades i det fördolda, när jag bildades i jordens djup. Dina ögon såg mig när jag ännu var ett outvecklat foster. Alla mina dagar blev skrivna i din bok, de var bestämda innan någon av dem hade kommit."*

Kärlekens Gud känner varenda en av er innan ni formades i er moders liv och hade underbara tankar och planer för er, till den grad att Han skrev ner dem i sin bok. Det är därför som en människa, en enkel skapelse av Gud, inte kan styra ett fosters liv, inte ens om det är mindre än fem månader.

Att abortera ett foster är likställt med att begå mord eftersom man gör intrång på Guds auktoritet som råder över liv och död, välsignelser och förbannelser. Hur kan man dessutom våga insisterad på att det är en obetydlig synd att döda sin egen son eller dotter?

Vedergällning av synd och svårigheter som följer

Oavsett omständigheter eller hur svårt det kan vara, skall du aldrig våldföra dig på Guds suveränitet över det mänskliga livet. Det är dessutom inte passande att abortera sitt barn i sitt strävande efter lycka. Du måste inse att du kommer att skörda vad du sår, och du kommer få betala för det du har gjort.

Det är allvarligare att abortera ett foster efter sex månader eller mer i en graviditet. Det är likställt med att mörda en vuxen eftersom en ande redan har getts till det.

Abort skapar en hög mur av synd mellan dig och Gud. Det kommer att leda till att du blir plågad av smärtor som härstammar från olika prövningar och problem. Gradvis distanserar du dig från Gud på grund av muren av synd om du inte tar itu med syndproblemet, och till slut kan du ha gått så långt bort att du inte kan återvända.

Till och med dem som inte tror på Gud kommer att bli straffade och alla sorters svårigheter och problem kommer att komma över dem om de begår fosterdråp eftersom det är ett mord. Svårigheter och problem kommer alltid att efterfölja dem eftersom Gud inte kan beskydda dem och vänder bort sitt ansikte från dem om de inte river ner syndens mur i sitt liv.

Omvänd dig ordentligt från dina synder och riv ner syndens mur

Gud gav inte sina befallningar för att fördöma människan utan för att uppenbara sin vilja, leda dem till omvändelse, och frälsa dem.

Gud låter dig också förstå detta som rör abort så att du inte skall begå denna synd och kan riva ner syndens mur genom att omvända dig från dina synder gjorda i det förgångna.

Om du tidigare har aborterat ditt barn, se till att omvända dig ordentligt och riva ner syndens mur genom att offra fridsoffer. Då kommer svårigheter och problem försvinna eftersom Gud inte längre kommer ihåg dina synder.

Syndens allvarlighetsgrad varierar från fall till fall när man aborterar sitt barn. Om man till exempel aborterat sitt barn på grund av att man blev gravid genom våldtäkt, är ens synd relativt lätt. Om ett gift par aborterar sitt oönskade barn är deras synd betydligt allvarligare.

Om du inte önskar ett barn av en mängd olika orsaker skall du överlämna barnet i din livmoder till Gud i bön. I sådana fall skall du föda barnet om Gud inte handlar i enlighet med din bön.

De flesta barn blir frälsta men det finns undantag

Sex månader efter befruktning kan ett foster, trots att det har fått en ande, inte tänka eller förstå rationellt, eller ens tro på något med sin egen vilja. Därför frälser Gud de flesta fostren som dör under denna period oavsett vilken tro fostret har eller dens föräldrar har.

Observera att jag sa "de flesta" – inte "alla" – foster eftersom i sällsynta fall kan foster inte bli frälsta.

Ett foster kan ärva en ond natur i befruktningens ögonblick från sina föräldrar eller förfäder som i hög grad tvistat mot Gud och lagt ondska på hög i sina liv. I det här fallet kan fostret inte bli frälst.

Det kan till exempel röra sig om ett barn till en trollkarl eller ett barn till onda föräldrar som har förbannat och endast önskat onda ting för andra människor, som till exempel Hee-bin Jang[3] i den koreanska historien. Hon förbannade sin rival genom att genomborra ett porträtt på sin rival med en pil i extrem svartsjuka. Barn till sådana onda föräldrar kan inte bli frälsta eftersom de ärver sina föräldrars onda natur.

Det finns också extremt onda människor bland dem som hävdar att de tror. Sådana människor står emot, missbedömer, fördömer, och hindrar den Helige Andes verk. I svartsjuka försöker de också döda de som förhärligar Guds namn. Om sådana föräldrar får missfall kan dessa barn inte bli frälsta.

Med dessa sällsynta fall som undantag, blir de flesta ofödda barnen frälsta. Men de kan inte komma in i himlen, inte ens paradiset eftersom de inte alls blev kultiverade på denna jord. De bor i övre graven till och med efter att domen vid den stora vita tronen har ägt rum.

Evig plats för frälsta ofödda barn

Foster som aborterats sex månader eller senare i graviditeten i övre graven är likt oskrivna papper eftersom de inte kultiverats på jorden. Därför får de stanna i övre graven och kommer få en kropp som passar deras själ, vid tiden för uppståndelsen.

De får en kropp som förändras och växer till skillnad från

---

[3] Fröken Jang var Kung Sook-jongs konkubin under det sena 1600-talet som på grund av svartsjuka förbannade Drottningen, red. anm.

frälsta människor som får en andlig och evig kropp. Trots att de i början är som små barn växer de tills de når ett passande tillstånd.

Även efter att dessa barn växt upp stannar de i övre graven, fyller sina själar med kunskapen om sanningen. Det är lätt att förstå detta om man tänker på Adams ursprungliga tillstånd i Edens lustgård och hans inlärningsprocess.

Adam bestod av ande, själ och kropp när han blev skapad till en levande varelse. Men hans kropp var annorlunda mot den andliga uppståndelsekroppen och hans själ var okunnig som en nyfödd babys. Därför gav Gud själv Adam andlig kunskap och vandrade med honom under en ganska lång period.

Du behöver veta att Adam blev skapad i Edens lustgård utan ondska i sig, men själarna i övre graven är inte lika goda som Adam bar, eftersom de redan har ärvt den syndfulla naturen från sina föräldrar som har genomgått den mänskliga kultiveringen under många generationer.

Allt sedan Adams fall har alla hans efterkommande ärvt arvsynden från sina föräldrar.

3. Barn från födseln till fem års ålder

Hur kan barn upp till fem års ålder, som inte kan skilja mellan gott och ont eller förstå vad tro är ännu, bli frälsta? Frälsningen för barnen i denna ålder beror på deras föräldrars tro – särskilt deras mödrars.

Ett barn kan ta emot frälsning om barnets föräldrar har den

slags tro som frälser och dessa fostrar sitt barn i tron (1 Korinterbrevet 7:14). Men det är inte så att ett barn inte blir frälst bara för att barnets föräldrar inte har tro.

Här kan du på nytt se Guds kärlek. 1 Mosebok 25 visar oss att Gud visste att Jakob skulle bli större än sin äldre bror Esau i framtiden, redan när de bråkade i deras mors livmoder. Den allvetande Guden leder alla barn som dör innan fem års ålder till frälsning efter domen över samvetet. Det är möjligt för att Gud vet om barnen bara hade levt längre skulle de ha accepterat Herren, när de senare i sina liv skulle höra evangeliet.

Men barn till föräldrar som inte har tro och som inte heller klarar domen över samvetet kommer oundvikligen att hamna i nedre graven och tillhöra helvetet och bli torterade där.

Domen över samvetet och deras föräldrars tro

Barns frälsning beror till stor del på deras föräldrars tro på det här sättet. Därför ska föräldrar uppfostra sina barn efter Guds vilja så att deras barn inte hamnar i helvetet.

För länge sedan fick ett par som inte hade barn ett barn efter ett löfte i bön. Men barnet dog i förtid i en trafikolycka.

Jag fick reda på orsaken till deras barns död genom bön. Det berodde på att barnets föräldrars tro hade kallnat och att de var långt borta från Gud. Barnet gick inte i förskolan knuten till församlingen eftersom hans föräldrar hängav sig till ett världsligt sätt att leva. Det ledde till att barnet började sjunga sekulära sånger istället för lovsånger till Gud.

På den tiden hade barnet tron för att ta emot frälsning men

han skulle inte bli frälst om han växte upp under sina föräldrars inflytande. I den här situationen kallade Gud, genom trafikolyckan, detta barn till evigt liv och gav hans föräldrar en möjlighet till omvändelse. Om föräldrarna hade kunnat omvända sig och komma tillbaka till Gud utan att se sitt barn bli dödat på ett sådant våldsamt sätt, skulle Han inte tagit till denna metod.

Föräldrars ansvar för sina barns andliga tillväxt

Föräldrarnas tro har ett direkt inflytande på deras barns frälsning. Barnens tro kan inte växa ordentligt om deras föräldrar inte har omsorg om sina barns andliga tillväxt, utan bara lämpar över det ansvaret på söndagsskolan.

Föräldrar måste be för sina barn, kontrollera att de alltid tillber i anden och med ett sant hjärta, och lära dem att leva ett liv i bön hemma genom att statuera goda exempel för dem att följa.

Jag uppmanar alla föräldrar att vakna upp i sin egen tro och uppfostra sina älskade barn i Herren. Jag välsignar din familj med att få njuta av evigt liv tillsammans i himlen.

4. Barn från sex års ålder till 10-12 års ålder

Hur kan barn från sex års ålder till 10-12 års ålder bli frälsta?

Dessa barn kan förstå evangelium när de hör det och de kan också besluta sig vad de vill tro med sin egen vilja och tanke, inte helt och hållet, men åtminstone till en viss nivå.

Barnens ålder uttryckt här kan givetvis variera för varje barn eftersom varje barn växer upp, utvecklas och mognar i olika takt. Den viktiga punkten är att det är vanligtvis i dessa åldrar som barn kan tro på Gud med egen vilja och tanke.

Efter deras egen tro oberoende av föräldrarnas tro

Barn mellan sex och 10-12 års ålder har ett gott förstånd att välja tron. Därför kan de bli frälsta genom sin egen tro oavsett vilken tro deras föräldrar har.

Dina barn kan därför hamna i helvetet om du inte uppfostrar dem i tron även om du själv kanske har en stark tro. Det finns barn vars föräldrar är icketroende. I sådana fall är det betydligt svårare för barn att ta emot frälsningen.

Orsaken till att jag särskiljer barns frälsning innan de når puberteten och efter puberteten är att genom Guds överflödande och överväldigande kärlek kan domen över samvetet bli aktuellt för den tidigare kategorin.

Gud kan ge ytterligare en möjlighet för dessa barn att ta emot frälsning eftersom barn i denna ålder inte kan besluta sig för allt helt av deras egen vilja och för att de fortfarande är under sina föräldrars inflytande.

Goda barn accepterar Herren när de hör evangeliet och tar emot den Helige Ande. De går också till kyrkan men får senare inte komma till kyrkan på grund av stark förföljelse från sina föräldrar som tillber avgudar. Men i deras tidiga tonår kan de välja vad som är rätt och vad som är fel med deras egen vilja oavsett var föräldrarna tycker. De kan bevara sin tro om de verkligen tror på Gud oavsett hur starkt motstånd och förföljelse de får från sina föräldrar.

Anta att ett barn, som kunde haft stark tro om han bara hade fått leva lite längre, dör ung. Vad kommer då att hända med honom? Gud kommer att leda honom till frälsningen genom lagen gällande domen över samvetet eftersom Han kände djupet i barnets hjärta.

Men om ett barn inte accepterar Herren och inte klarar domen över samvetet, kommer han eller hon inte längre ha någon annan möjlighet och hamnar oundvikligen i helvetet. Det är dessutom förståeligt att frälsning för människor efter puberteten helt och hållet beror på deras egen tro.

Barn som fötts i dåliga miljöer

Frälsning för ett enkelt barn som inte kan göra logiska och sunda bedömningar kommer till stor del an på föräldrarnas och förfädernas andar (natur, energi eller kraft).

Ett barn kan födas med mentala svagheter eller bli demonbesatt vid en väldigt tidig ålder i livet på grund av hans eller hennes förfäders ondska och avguderi. Det beror på att de efterkommande är under sina föräldrars och förfäders inflytande.

När det gäller detta varnar 5 Mosebok 5:9-10 oss så här:

> *Du skall inte tillbe dem eller tjäna dem. Ty jag, HERREN, din Gud, är en nitälskande Gud, som låter straffet för fädernas missgärning drabba barnen, ja,*

> *tredje och fjärde släktledet, när man hatar mig, men som visar nåd mot tusen släktled, när man älskar mig och håller mina bud.*

1 Korinterbrevet 7:14 påtalar också att *"Ty mannen som inte tror är helgad genom sin hustru, och hustrun som inte tror är helgad genom sin troende man. Annars vore era barn orena, men nu är de heliga."*

På detta sätt är det väldigt svårt för barn att bli frälsta om deras föräldrar inte lever i tron.

Eftersom Gud är kärlek vänder Han sig inte bort från dem som åkallar Hans namn ens om de har fötts med en ond natur från sina föräldrar och förfäder. De kan ledas till frälsningen eftersom Gud svarar deras böner när de omvänder sig, försöker leva efter Hans ord hela tiden, och uthålligt åkallar Hans namn.

Hebreerbrevet 11.6 säger oss att *"Men utan tro är det omöjligt att behaga Gud. Ty den som kommer till Gud måste tro att han är till och belönar dem som söker honom."* Även om människor blivit födda med ond natur förändrar Gud deras onda natur till en god och leder dem till himlen när de har sin lust i Honom med goda gärningar och trosoffer.

De som inte kan söka Gud på egen hand

Vissa människor kan inte söka Gud i tro eftersom de har mentala handikapp eller är besatta av demoner. Vad ska de göra då?

I sådana fall måste deras föräldrar eller familj visa en adekvat portion tro å deras vägnar inför Gud. Kärlekens Gud kommer då att öppna dörren till frälsning när Han ser deras tro och uppriktighet.

Det är föräldrarna som bär avgörandet för sina barns öde om barnet dör innan det har haft möjlighet att ta emot frälsningen. Därför nödgar jag dig att förstå att det är väldigt viktigt att leva i tro, inte bara för föräldrarnas egen skull utan också för barnens skull.

Du behöver också förstå Guds hjärta som värderar varje själ högre än hela världen. Jag uppmuntrar dig att ha den överflödande kärleken att se efter inte bara dina egna barn utan också dina grannars och släktingars barn i tro.

5. Blev Adam och Eva frälsta?

Adam och Eva drevs ut till jorden efter att de åt av trädet med kunskap om gott och ont i olydnad och de hörde aldrig evangeliet. Blev de frälsta? Låt mig förklara om de första människorna Adam och Eva blev frälsta eller inte.

Adam och Eva var olydiga mot Gud

I begynnelsen skapade Gud de första människorna Adam och Eva till sin egen avbild och älskade dem väldigt mycket. Gud förberedde allt för deras liv i överflöd i förväg och ledde dem till Edens lustgård. Där saknade Adam och Eva ingenting.

Gud gav dessutom stor makt och auktoritet till Adam, till att råda över allt i universum. Adam rådde över allt levande på jorden, i luften och under vattnet. Fienden Satan och djävulen vågade sig inte in i lustgården eftersom den var bevakad och beskyddad, under Adams ledarskap.

När Gud själv vandrade med dem gav Han dem andlig undervisning på ett vänligt sätt – som en far undervisar sina älskade barn om allt från A till Ö. Adam och Eva saknade ingenting men de blev frestade av den listige ormen och åt av den förbjudna frukten.

De fick smaka döden i enlighet med ordet från Gud att de skulle döden dö (1 Mosebok 2:17). Med andra ord dog deras ande trots att de hade varit levande andar. Det ledde till att de blev utdrivna till jorden från den underbara Edens lustgård. Den mänskliga kultiveringen startade på denna förbannade jorden och allt på den blev förbannat på samma gång.

Blev Adam och Eva frälsta? Somliga tror att de inte kunde ta emot frälsning eftersom allt hade blivit förbannat och deras efterkommande har lidit på grund av deras olydnad i början. Men kärlekens Gud har lämnat en dörr till frälsning öppen till och med för dem.

Adam och Evas grundliga omvändelse

Gud förlåter dig så länge du omvänder dig av hela hjärtat och återvänder till Honom även om du blivit besmittad med all slags synder, arvsynden och egna synder begångna under livet i denna värld så full av mörker och ondska. Gud förlåter dig så länge du omvänder dig från djupet av ditt hjärta och återvänder till

Honom, till och med om du har varit en mördare.

Om man jämför med människor idag, kan man se att Adam och Eva verkligen hade rena och goda hjärtan. Gud själv hade dessutom undervisat dem med sin ömma kärlek under en lång period. Hur skulle då Gud kunna sända Adam och Eva till helvetet utan att förlåta dem efter att de en gång omvänt sig från djupet av sina hjärtan?

Adam och Eva led så mycket medan de blev kultiverade på jorden. Tidigare hade de levt i frid och alltid ätit av alla slags frukter när helst de önskade i Edens lustgård; och nu kunde de inte få mat om de inte kämpade hårt och svettades. Eva födde barn under stor smärta. De grät och led i sin sorg som ett resultat av sina synder. Adam och Eva blev också vittnen till mordet på sin ena son, av deras andra sons hand.

Så mycket de måste ha saknat deras liv i beskyddet och kärleken från Gud i Edens lustgård när de fick uppleva så mycket ångest i denna värld! Men medan de levde i lustgården kände de inte igen lyckan och tackade inte Gud eftersom de tog sina liv i överflöd och Guds kärlek för givet.

Men nu förstod de hur lyckliga de hade varit på den tiden och de började tacka Gud för Hans överflödande kärlek Han hade gett dem. Till slut omvände de sig ordentligt, från djupet av sina hjärtan.

Gud öppnade vägen till frälsning för dem

Syndens lön är döden men Gud som råder i kärlek och rättvisa förlåter synd så länge människor omvänder sig ordentligt.

Kärlekens Gud tillät Adam och Eva komma in i himlen efter att Han fick deras omvändelse. Men de blev bara nätt och jämt frälsta, tillräckligt för att bo i paradiset eftersom Gud är rättvis. Deras synd – att överge Guds stora kärlek – var inte en ringa eller obetydlig synd. Adam och Eva blev också skyldiga till nödvändigheten för den mänskliga kultiveringen likväl som lidande, smärta, och deras efterkommandes död på grund av deras olydnad.

Även om Guds omsorg tillät Adam och Eva att äta från trädet med kunskap om gott och ont, var just denna handling av olydnad det som förde oändligt antal människor till lidande och död. Därför kunde Adam och Eva inte få en bättre plats i himlen än paradiset vilket också naturligtvis betyder att de inte kunde ta emot någon ärofylld belöning.

Gud verkar med kärlek och rättvisa

Låt oss tänka på Guds kärlek och rättvisa i aposteln Paulus liv.

Aposteln Paulus var från början den huvudsaklige ledaren i förföljelsen mot Jesu troende och fängslade dem innan han kände Jesus på ett korrekt sätt. När Stefanus blev martyr i det att han vittnade om Herren, såg Paulus på när Stefanus blev stenad till döds och ansåg att det var rätt.

Men Paulus mötte Herren och accepterade Honom på vägen till Damaskus. Då sa Herren till honom att han skulle bli en apostel för hedningarna och lida mycket. Då omvände aposteln Paulus sig grundligt och offrade resten av sitt liv till Herren.

Han kunde komma in i Nya Jerusalem eftersom han

fullgjorde sitt uppdrag med glädje trots mycket lidande, och var trogen nog att ge upp sitt liv för Herren.

Det finns en lag om skörd när du sår i den här världen. Samma lag gäller i den andliga världen: Man skördar godhet om man har sått godhet, och man skördar ondska om man sår ondska.

Som du kan se i Paulus fall måste man därför vakta sitt hjärta, hålla sig vaken, och komma ihåg att svårigheter följer dig på grund av dina onda handlingar tidigare i livet även då du har blivit förlåten och uppriktigt omvänt dig.

6. Vad hände med den förste mördaren Kain?

Vad hände med den förste mördaren Kain som dog utan att någonsin höra evangeliet? Låt oss titta närmare på hans fall och se om han blev frälst genom domen över samvetet eller inte.

Bröderna Kain och Abel offrade till Gud

Adam och Eva födde barn på jorden efter att de hade drivits ut ur Edens lustgård: Kain var deras första son och Abel var Kains yngre bror. När de växte upp offrade de till Gud. Kain tog en del av frukterna från jorden som ett offer till Gud medan Abel tog en det feta från några av de förstfödda i sin flock.

Gud såg med belåtenhet på Abel och hans offer men inte på Kain och hans. Varför såg Gud med belåtenhet på Abel och hans offer?

Man får inte ge offer till Gud emot Hans vilja. I enlighet med lagen i den andliga världen skall man tillbe Gud med blodsoffer som kan förlåta synder. Därför offrade man, under gammaltestamentlig tid oxar eller lamm i tillbedjan till Gud, och i nytestamentlig tid blev Jesus Guds lamm, ett försonande offer genom att Han utgöt sitt blod.

Gud accepterar dig med belåtenhet, svarar på dina böner, och välsignar dig när du tillber Honom med det offrade blodet, och enbart då tillber du Honom i anden. Andligt offer innebär att man tillber Gud i ande och sanning. Gud tar inte emot din tillbedjan med välbehag om du somnar eller ohörsamt lyssnar på budskapen under en gudstjänst.

Gud såg med välbehag endast till Abel och hans offer

Adam och Eva kände mycket väl till den andliga lagen när det gällde offergivande eftersom Gud hade lärt dem lagen i Edens lustgård under en lång period då Han vandrade med dem. De måste givetvis också ha lärt sina barn hur man ger ett rätt offer till Gud.

Abel tillbad Gud med det offrade blodet i lydnad till sina föräldrars undervisning medan Kain inte kom med ett ställföreträdande offer utan istället förde fram frukter från jorden som ett offer till Gud för sina egna orsakers skull.

När det gäller detta säger Hebreerbrevet 11:4 följande, *"Genom tron bar Abel fram ett bättre offer åt Gud än Kain, och genom tron fick han det vittnesbördet att han var rättfärdig, eftersom Gud själv bekände sig till hans offer. Och genom tron talar han, fastän han är död."*

Gud accepterade Abels offer eftersom han tillbad Gud i anden, i lydnad till Hans vilja med tro. Men Gud accepterade inte Kains offer eftersom han inte tillbad i anden utan endast tillbad Honom utifrån sina mått och metoder.

Kain dödade Abel på grund av avundsjuka

När Kain såg att Gud endast accepterade hans brors offer men inte hans, blev Kain mycket arg och hans blick blev mörk. Till slut attackerade han Abel och dödade honom.

På bara en generation, sedan den mänskliga kultiveringen startat på jorden, hade olydnad fött avundsjuka, avundsjuka girighet och hat, och girighet och hat hade blommat ut i mord. Hur fruktansvärt detta är!

Man kan se hur fort människor blir besmittade i sina hjärtan med synd när de en gång tillåtit synden att komma in i deras hjärtan. Det är därför vi inte ens skall låta en banal synd komma in i våra hjärtan utan ta bort den omedelbart.

Vad hände med den förste mördaren Kain? Somliga argumenterar att Kain inte kunde blivit frälst eftersom han dödade sin rättfärdige bror Abel.

Kain visste vem Gud var genom sina föräldrar. Om man jämför med människor idag ärvde människorna på Kains tid en relativt lätt arvsynd från sina föräldrar. Trots att Kain dödade sin bror på ett ögonblick under avundsjukans inflytande var han ren i sitt samvete.

Trots att han därför hade begått ett mord kunde Kain därför omvända sig genom Guds straff och Gud visade nåd mot honom.

Kain blev frälst efter grundlig omvändelse

I 1 Mosebok 4:13-15 bönfaller Kain Gud om att hans straff är för tungt och ber om Hans nåd i det att han blev förbannad och en kringflackande hemlös på jorden. Gud svarade, *"Kain skall bli hämnad sjufalt, vem som än dödar honom"* och Han satte ett tecken på honom så att ingen skulle döda honom.

Här måste man inse hur grundligt Kain omvände sig efter att han hade dödat sin bror. Bara på det sättet kunde han ha fått en väg att kommunicera med Gud och endast då kunde Gud sätta ett tecken på honom som ett bevis på Hans förlåtelse. Om Kain hade varit förlorad och hamnat i helvetet varför skulle då Gud ha hört Kains vädjan, än mindre satt ett tecken på honom?

Kain var tvungen att bli en kringflackande hemlös på jorden som ett straff för att han hade dödat sin bror, men till slut tog han emot frälsningen genom omvändelse från sin synd. Men på samma sätt som i Adams fall, blev Kain frälst med nöd och näppe och fått tillåtelse att bo i paradiset men inte ens i centrum av det utan i utkanten.

Rättvisans Gud kunde inte tillåta Kain att få en bättre plats i himlen än paradiet trots hans omvändelse. Även om Kain i jämförelse levt ett mycket renare och mindre syndfullt liv, var han fortfarande ond nog att döda sin egen bror.

Trots detta kunde Kain fått en mycket bättre boplats i himlen om han hade kultiverat sitt onda hjärta till ett gott och hade gjort sitt bästa för att behaga Gud med hela sin styrka och med hela sitt hjärta. Men Kains samvete var inte ens så gott och rent.

Varför straffar Gud inte onda människor omedelbart?

Man kan ha många frågor i sitt liv i tro. En del människor är väldigt onda men Gud straffar dem inte. Andra lider i sjukdomar eller dör på grund av deras ondska. Återigen andra dör unga trots att det verkar som att de har varit mycket trofasta till Gud.

Kung Saul till exempel, var ond nog i sitt hjärta att försöka döda David trots att han visste att Gud hade smort David. Trots det lät Gud kung Saul gå ostraffad. Det ledde till att Saul förföljde David än mer.

Detta statuerar ett exempel på försynen i Guds kärlek. Gud ville genom den onde Saul träna David och göra honom till ett stort kärl och slutligen göra honom till kung. Det var därför kung Saul dog när Guds träning av David var fullständig.

På samma sätt är det idag, beroende på varje individ straffar Gud människor omedelbart eller låter dem leva ostraffade. Allt efter Guds kärlek och försyn.

Du borde längta efter en bättre plats i himlen

I Johannes 11:25-26 säger Jesus *"Jag är uppståndelsen och livet. Den som tror på mig skall leva om han än dör, och var och en som lever och tror på mig skall aldrig någonsin dö. Tror du detta?"*

De som har tagit emot frälsningen genom att acceptera evangeliet kommer sannerligen att uppstå, få en andlig kropp och njuta av evig härlighet i himlen. De som fortfarande lever på jorden kommer att ryckas upp på skyarna för att möta Herren när Han kommer ner från himlen. Ju mer du efterliknar Guds avbild, desto bättre plats kommer du att ha i himlen.

När det gäller detta säger Jesus till oss i Matteus 11:12, *"Och från Johannes döparens dagar intill denna stund tränger himmelriket fram med storm, och människor storma fram och rycka det till sig"*[4].

Jesus ger oss ett annat löfte i Matteus 16:27 *"Människosonen skall komma i sin Faders härlighet med sina änglar, och då skall han löna var och en efter hans gärningar."* 1 Korinterbrevet 15:41 noterar också att *"Solen har sin glans, månen en annan och stjärnorna ännu en annan. Den ena stjärnan skiljer sig från den andra i glans."*

Du kan inte hjälpa att du längtar efter en bättre plats i himlen. Du borde försöka bli heligare och mer betrodd i hela Guds hus så att du skall få tillträde till Nya Jerusalem där Guds tron står. Likt en lantbrukare vid skörd vill Gud leda så många människor som möjligt till ett bättre kungadöme i himlen genom den mänskliga kultiveringen på jorden.

För att komma in i himlen måste du ha god kunskap om den andliga världen

Människor som inte känner Gud och Jesus Kristus kan knappast komma in i Nya Jerusalem ens om de blev frälsta genom domen över samvetet.

---

[4] 1917 års översättning av Bibeln

Det finns människor som inte tydligt känner till försynen i den mänskliga kultiveringen, Guds hjärta, och den andliga världen trots att de har hört om evangeliet. Därför känner de inte till att man rycker till sig himmelriket genom våld och de har inte ens något hopp om Nya Jerusalem.

Gud säger till oss, *"Var trogen intill döden, så skall jag ge dig livets krona"* (Uppenbareleboken 2:10). Gud kommer att belöna dig i överflöd i himlen efter vad du har sått. Belöningen är väldigt dyrbar eftersom den består och förblir ärofylld för evigt.

När du tänker på allt detta kan du förbereda dig som en vacker brud åt Herren, likt de fem visa jungfrurna och uppnå den fulla anden.

1 Tessalonikerbrevet 5:23 säger, *"Må fridens Gud själv helga er helt och fullt, och må er ande, själ och kropp bevaras hela, så att ni är utan fläck vid vår Herre Jesu Kristi ankomst."*

Därför behöver du noggrant förbereda dig själv som en Herrens brud för att uppnå den fulla anden innan Herren Jesus Kristus återvänder, eller innan Gud kallar på din själ, vilket som än kommer först.

Det är inte tillräckligt att komma till kyrkan varje söndag och bekänna "Jag tror." Du måste göra dig av med all slags ondska och vara betrodd i hela Guds hus. Ju mer du behagar Gud, desto bättre plats i himlen kommer du att kunna få.

Jag uppmuntrar dig att bli ett sant Guds barn med denna kunskap. I Herrens namn ber jag att du inte bara skall vandra med Herren här på jorden utan också bo närmare Guds tron i himlen i evigheternas evighet.

Kapitel 3

Nedre graven och helvetets budbärares identitet

1. Helvetets budbärare tar människor till nedre graven
2. En väntplats till de onda andarnas värld
3. Olika straff i nedre graven för olika synder
4. Lucifer styr nedre graven
5. Helvetets budbärares identitet

"Ty Gud skonade inte de änglar
som hade syndat utan kastade dem
i avgrunden och överlämnade dem
åt mörker och kedjor,
för att de skulle hållas i förvar till domen."
- 2 Petrusbrevet 2:4 -

"Herren har gjort sig känd,
han har hållit dom.
Den ogudaktige blir snärjd i sina egna gärningar."
- Psaltaren 9:17 -

Nedre graven och helvetets budbärares identitet

Vid skördetiden varje år gläds jordbrukaren och har förväntan på god skörd. Men det är svårt för dem att skörda förstklassigt vete hela tiden trots att de arbetar hårt dag efter dag, natt efter natt, använder gödningsmedel, rensar ogräs och så vidare. Bland skörden finns det alltid andra klassens och tredje klassens vete, och till och med agnar.

Man kan inte äta agnar som mat. Agnarna kan inte heller samlas ihop tillsammans med vetet eftersom agnarna förstör vetet. Det är därför som jordbrukaren samlar ihop agnarna och bränner upp det, eller använder det som gödsel.

På samma sätt är det med Guds mänskliga kultivering på jorden. Gud letar efter sanna barn som också har den heliga, fullkomliga avbilden av Gud. Men det finns människor som inte gör sig av med sina synder på ett grundligt sätt och andra som är helt och hållet uppslukade av ondska och förlorar sin uppgift som människa. Gud vill ha heliga och sanna barn men Han samlar också in dem i himlen som har dött innan de fullständigt har gjort sig av med sina synder så länge de har försökt att leva i tro.

Å ena sidan sänder Gud inte människor till det fruktansvärda helvetet om de har haft tro som ett senapskorn på grund av Jesu Kristi blod, trots Hans ursprungliga syfte att kultivera och samla in endast sanna barn. Å andra sidan har de som inte trott på Jesus Kristus och kämpat mot Gud till slutet ingen annan möjlighet än att hamna i helvetet eftersom de själva valde förgängelsens väg genom sin ondska inom sig.

Hur kommer då ofrälsta själar ledas till nedre graven samt hur kommer de att bli straffade där? Jag kommer i detalj beskriva nedre graven som tillhör helvetet och helvetets budbärares identitet.

1. Helvetets budbärare tar människor till nedre graven

När en frälst person med tro dör kommer två änglar och leder honom till övre graven som tillhör himlen. I Lukas 24:4 ser vi att två änglar väntar på Jesus efter Hans begravning och uppståndelse. När en ofrälst person dör, kommer två budbärare från helvetet och leder honom till nedre graven. Det är vanligtvis möjligt att se om en person på dennes dödsbädd är frälst eller inte genom att notera personens ansiktsuttryck.

Före dödsögonblicket

Människors andliga ögon öppnas just före dödsögonblicket. En person dör fridfullt med ett leende på sina läppar om han eller hon ser änglar i ljus och den döda kroppen stelnar inte så fort. Inte ens efter två-tre dagar har kroppen inte ruttnat eller sprider dålig lukt, och personen verkar fortfarande vara vid liv.

Men hur fruktansvärt och skakande det måste vara för ofrälsta människor att se de fruktansvärda budbärarna från helvetet! De dör med fruktan, utan att kunna stänga sina ögon.

Om en persons frälsning inte är säker kämpar änglar och budbärare från helvetet mot varandra om att ta själen till deras respektive plats. Det är därför personen är så ångestfull in i döden. Så fylld av fruktan och ångest personen blir när han ser helvetets budbärare komma med anklagelser mot honom och som konstant säger, "Han har inte tro nog att bli frälst"!

När en människa med svag tro ligger på sin dödsbädd kan

människor med stark tro hjälpa honom att få mer tro genom lovsång och tillbedjan. Då kan han ta emot frälsning till och med på sin dödsbädd genom tro, trots att det är en skamfylld frälsning och han hamnar i paradiset.

Man kan se en människa på sin dödsbädd bli full av frid eftersom han tar emot tro för att bli frälst medan människor lovsjunger och tillber runt omkring honom. När en människa med stark tro ligger på sin dödsbädd behöver man inte hjälpa honom att växa i sin tro. Det är bättre att ge honom hopp och glädje.

2. En väntplats till de onda andarnas värld

Å ena sedan kan till och med en person med väldigt svag tro bli frälst på sin dödsbädd om han får tro genom lovsång och tillbedjan. Om han å andra sidan inte blir frälst kommer helvetets budbärare och tar honom till en väntplats som tillhör nedre graven och då måste han anpassa sig till en värld med onda andar.

Precis som frälsta själar har tre dagar som anpassningsperiod i övre graven måste ofrälsta själar stanna tre dagar på väntplatsen som liknar en stor avgrund i nedre graven.

Tre dagar av anpassning i väntplatsen

Väntplatsen i övre graven, dit frälsta själar stannar under tre dagar, är full av jubel, frid, och hopp om det ärofyllda livet som ligger framför. Väntplatsen i nedre graven är dock motsatsen.

Ofrälsta själar lever i outhärdlig smärta där de får ta emot olika slag straff efter deras gärningar i den här världen. Innan de hamnar i nedre graven förbereder de sig själva för ett liv i de onda andarnas värld på väntplatsen under tre dagar. Dessa tre dagar på väntplatsen är inte någon fridfull tillvaro utan bara början på deras oändliga smärtsamma liv.

Olika slags fåglar med stora, spetsiga näbbar hackar på deras själar. Dessa fåglar är väldigt otäcka och vidriga andliga varelser till skillnad från denna världens fåglar.

Ofrälsta själar har redan skilts från sina kroppar och därför tror man att de inte kan känna någon smärta. Men dessa fåglar kan skada dem eftersom fåglar på väntplatsen också är andliga varelser.

När fåglar hackar på själarna rivs kropparna sönder, blodet rinner och skinnet dras av. Själarna försöker väja för de hackande fåglarna men det går inte. De kan endast kämpa och huka sig under höga skrik. Ibland kommer fåglarna nära ansiktet och hackar sönder deras ögon.

3. Olika straff i nedre graven för olika synder

Efter tre dagars uppehåll på väntplatsen blir de ofrälsta själarna tilldelade olika platser för straff i nedre graven efter deras synder i den här världen. Himlen är väldigt rymlig. Helvetet är också så rymligt att det finns ett oändligt antal avskilda platser där de ofrälsta själarna hålls, till och med i nedre graven, som enbart är en del av helvetet.

Olika platser för straff

Generellt sett är nedre graven mörk och fuktig, och själar känner den sprakande hettan där. Ofrälsta själar kommer konstant bli torterade med slag, hugg och slitande.

Om ens ben eller arm blir avhuggen i den här världen måste man leva utan sitt ben eller arm. När man dör tar borde ens ångest och problem ta slut. Men om man i nedre graven får sin hals avskuren, återbildas halsen igen. Även om någon del av ens kropp huggs av, återbildas snart den delen igen. Precis som man inte kan dela vatten ens med det vassaste svärdet eller kniv, kan ingen tortyr, hackande, eller sönderrivande av kroppen i delar kan få ångesten att ta slut.

Ögonen återbildas snart efter att fåglarna hackat ut dem. Även om man såras och ens inälvor blottläggs blir man snart återställd. Ens blod utgjuts utan ände medan man torteras, men man kan inte dö eftersom blodet snart fylls på igen. Detta fruktansvärda tortyrscenario upprepas gång på gång.

Det är därför det finns en flod av blod som kommer från utgjutandet av själarnas blod i nedre graven. Kom ihåg att en ande är odödlig. När den hela tiden blir torterad i evigheternas evighet, varar smärtan också för evigt. Själar bönar och ber om att få dö men de kan inte och får inte dö. På grund av oupphörlig tortyr är nedre graven fylld av människors skrik, suckan och en fruktansvärd blodstank.

Ångestfyllda skrik i nedre graven

Jag antar att en del av er har direkt erfarenhet av krig. Om inte kanske ni har sett fruktansvärda scener med skrik och smärtor i krigsfilmer eller i historiska dokumentärer. Sårade människor överallt. En del av dem har förlorat sina ben eller armar. Deras ögon är totalförstörda och till om med hjärnsubstans rinner ut från deras huvuden. Ingen vet när artilleriets eld kommer att träffa dem. Platsen är fylld av kvävande rök från artilleriet, fruktansvärd blodstank, stön, suckan och skrik. Människor skulle kanske kalla en sådan plats för "helvetet på jorden."

Men dessa katastrofala scener från nedre graven är betydligt mer eländigare än den värsta scenen från något slagfält i den här världen. Själarna i nedre graven lider inte enbart av den pågående tortyren utan också av fruktan för tortyrer som är på väg.

Plågan är för stor för dem att bära och de försöker förgäves fly undan den. Men det som väntar dem är enbart den flammande elden och svavlet djupare ner i helvetet.

Hur ångerfyllda och beklagande själarna måste vara när de ser det brinnande svavlet i helvetet och säger, "Jag borde ha trott när de proklamerade evangeliet... Jag borde inte ha syndat...!" Men det finns ingen andra chans och det finns ingen väg till frälsning för dem.

4. Lucifer styr nedre graven

Man kan inte ens föreställa sig de olika straffen och straffnivåerna i nedre graven. Precis som tortyrmetoderna i den här världen varierar kan man säga detsamma om tortyren i nedre graven.

Några kanske lider av att deras kroppar ruttnar. Andra kanske får sina kroppar uppätna eller tuggade på och utsugna på allt blod av insekter och kryp. Åter andra pressas mot brännheta stenar eller måste stå på sand som har sju gånger högre temperatur än strandens sand eller sanden i öknarna i den här världen. I andra fall kommer helvetets budbärare själva och torterar själarna. Andra tortyrmetoder omfattar vatten, eld och andra ofattbara metoder och utrustning.

Kärlekens Gud styr inte över ofrälsta själar på denna plats. Gud har gett de onda andarna auktoritet att styra över denna plats. Huvudet över alla onda andar, Lucifer, styr nedre graven, där ofrälsta själar likt agnar, måste vara. Det finns ingen barmhärtighet eller medömkan här, och Lucifer har kontrollen över varje aspekt i nedre graven.

Lucifers identitet, huvudet över alla onda andar

Vem är Lucifer? Lucifer var en av ärkeänglarna som Gud älskade väldigt mycket och som Gud kallade "gryningens son" (Jesaja 14:12). Han gjorde dock uppror mot Gud och blev huvud över onda andar.

Änglar i himlen har inte den mänskliga naturen och den fria viljan. Därför kan de inte välja något av egen vilja och följer därför kommandon som robotar. Men Gud ger på ett särskilt sätt mänsklig natur till några änglar och delar sin kärlek med dem. En av dessa änglar, Lucifer, var ansvarig för den himmelska musiken. Lucifer prisade Gud med sin vackra röst och sina musikinstrument och behagade Gud med att sjunga om Guds härlighet.

Men gradvis blev han arrogant och högmodig på grund av

Guds speciella kärlek till honom och hans längtan efter att bli högre och mäktigare än Gud fick honom till slut att göra uppror mot Gud.

Lucifer utmanade och gjorde uppror mot Gud

Bibeln berättar för oss att ett enormt stort antal följde Lucifer (2 Petrusbrevet 2:4, Judas 1:6). Det finns en myriad av änglar i himlen och omkring en tredjedel av dem följde Lucifer. Du kan föreställa dig hur många änglar som förenade sig med Lucifer. Lucifer gjorde uppror mot Gud i sin arrogans och sitt högmod.

Hur var det möjligt för så många änglar att följa Lucifer? Detta är lätt att förstå om man tänker på det faktum att änglar endast lyder befallningar på samma sätt maskiner och robotar gör.

Först vann Lucifer stöd från några ledande änglar som stod under hans inflytande, och sedan var det lätt för honom att vinna de underordnande änglarna under dessa ledande änglar.

Förutom änglarna fanns det andra andliga varelser som drakar och en del av keruberna som också följde Lucifer i hans uppror. Men Lucifer som utmanade Gud i uppror, blev trots allt besegrad och utkastad tillsammans med sina efterföljare från himlen där han var från början. Sedan blev de fängslade i avgrunden tills de skulle användas för den mänskliga kultiveringen.

"Hur har du inte fallit från himlen, du strålande stjärna, du gryningens son! Hur har du inte blivit fälld till jorden, du som slog ner folken till marken!

> *Du sade i ditt hjärta: 'Jag skall stiga upp till himlen, ovanför Guds stjärnor skall jag upprätta min tron. Jag skall sätta mig på mötesberget längst upp i norr. Jag skall stiga upp över molnens höjder, jag skall göra mig lik den Högste.' Men ner till dödsriket blev du förd, längst ner i graven"* (Jesaja 14:12-15).

Lucifer var så vacker, ord kan inte nog beskriva, medan han var i himlen i Guds överflödande kärlek. Efter upproret blev han otäck och fruktansvärd.

Människor som har sett honom med sina andliga ögon säger att Lucifer är så frånstötande att han ser rent motbjudande ut. Han är dyster med sitt ovårdade hår blekt i olika färger som rött, vitt, och gult, som fladdrar högt upp i luften.

Idag leder Lucifer människor att imitera hans klädstil och hårstil. När människor dansar är de väldigt vilda, våldsamma, och frånstötande och pekar med fingrarna.

Det är dessa trender som Lucifer skapar och förökar i dessa dagar genom massmedia och kulturen. Dessa trender kan skada människors känslor och leda dem till förvirring. De får dessutom människor att distansera sig själva från Gud och till och med att förneka Honom.

Guds barn borde vara annorlunda och inte falla in i dessa världsliga trender. Om du faller in i världsliga trender kommer det bli naturligt för dig att hålla Guds kärlek borta från dig eftersom världsliga trender för bort ditt hjärta och dina tankar (1 Johannes brev 2:15).

Onda andar gör nedre graven till en fruktansvärd plats

Å ena sidan är kärlekens Gud godheten själv. Han förbereder allt för oss med sin visa och goda omtanke och sitt omdöme. Han vill att vi ska leva för evigt i den högsta lyckan i den vackra himlen. Å andra sidan är Lucifer ondskan själv. Lucifers efterföljare, de onda andarna, tänker alltid ut nya sätt att plåga människorna ännu mer. I deras ondskefulla listighet gör de nedre graven till en ännu värre plats genom att utveckla många olika sorters tortyrmetoder.

Genom världshistorien har till och med människor i den här världen utvecklat många hemska tortyrmetoder. När Korea styrdes av Japan torterade japaner koreanska ledare inom den nationella frigörelserörelsen genom att sticka bambunålar under deras naglar eller genom att dra av fingernaglarna eller tånaglarna en efter en. De hällde också en blandning av röd peppar och vatten i deras ögon och näsborrar medan de hängde upp och ner. En fruktansvärd stank från bränt kött fyllde tortyrrummen då japanska torterare brände ledarnas kroppar med brännheta metallbitar. Deras inälvor blottlades när de blev brutalt slagna.

Hur har inte brottslingar plågats genom den koreanska historien? Man kunde vrida sönder en brottslings ben som ett sätt att tortera personen. Brottslingen blev bunden i fotlederna och knäna, sedan stack man in två stänger mellan hans två vader. Brottslingens ben gick sönder i när torteraren vred om stängerna. Kan du föreställa dig hur smärtsamt det måste ha varit?

Människans tortyrmetoder är så mycket grymmare än vad man någonsin kan föreställa sig. Hur mycket värre och hemskare kommer det då bli när onda andar med betydligt mycket större visdom och förmåga torterar ofrälsta själar? De har sin glädje i att utveckla tortyrmetoder och använda det på de ofrälsta själarna.

Därför behöver du känna till de onda andarnas värld. Då kan du råda, kontrollera och vinna över dem. Du kan lätt besegra dem när du håller dig själv helig och ren utan att anpassa dig efter den här världens sätt att leva.

5. Helvetets budbärares identitet

Vilka är dessa budbärare från helvetet som torterar ofrälsta människor i nedre graven? De är fallna underordnade änglar som följde Lucifer i upproret innan världen började.

> *Tänk också på de änglar som inte bevarade sin höga ställning utan övergav sin rätta hemvist. Dem håller han i förvar i mörker med eviga bojor till den stora dagens dom* (Judas 1:6).

De fallna änglarna kan inte fritt komma ut eftersom Gud har bundit dem i mörkret tills domen vid den stora vita tronen. En del människor hävdar att demoner är de fallna änglarna men det är inte sant. Demoner är ofrälsta själar som är frisläppta från nedre graven för att göra sina verk under speciella omständigheter. Jag kommer att förklara detta i detalj i kapitel 8.

Änglar som föll med Lucifer

Gud band de fallna änglarna i mörkret – helvetet – tills domen. Därför kan inte de fallna änglarna komma ut i världen förutom under speciella omständigheter.

De var mycket vackra innan de gjorde uppror mot Gud. Men helvetets budbärare har varken varit vackra eller strålande sedan de föll och blev förbannade.

De ser så frånstötande ut att det är motbjudande att se dem. Deras ansikte liknar människors ansikten, eller så bär de ansiktsmasker som liknar fruktansvärda djur.

Deras yttre är som avskyvärda djur som grisarna Bibeln talar om i 3 Mosebok 11. Men de har förbannade, groteska utseenden. De smyckar också sina kroppar med groteska färger och mönster.

De bär en vapenrustning av järn och militärskor. Vassa tortyrinstrument sitter fast på deras kroppar. Ofta har de en kniv, ett spjut eller en piska i sin hand.

När de rör sig runt omkring intar de en dominerande attityd så att man känner deras starka makt eftersom de utövar sin fullständiga makt och auktoritet i mörkret. Människor är väldigt rädda för demoner. Men helvetets budbärare än hemskare än demonerna.

Helvetets budbärare torterar själarna

Vilken roll har helvetets budbärare? Först och främst att tortera ofrälsta själar i sin roll som ledare i helvetet.

Mer utstuderad tortyr utförs av helvetets budbärare men

sparas till dem som får hårdare straff i nedre graven. Som exempel kan nämnas när budbärarna tar på sig masker och ser ut som avskyvärda grisar och sedan skär sönder själarnas kroppar eller blåser upp dem som ballonger och sticker hål på dem eller piskar dem.

De torterar också människor med olika metoder. Inte ens barn undantas från tortyren. Det som får våra hjärtan att brista är det faktum att helvetets budbärare sticker och slår barn i sin egen njutning. Därför måste du göra ditt bästa för att förhindra att en enda själ ska hamna i helvetet som är en fruktansvärd, grym, och hemsk plats fylld av oändlig smärta och lidande.

Jag var en hårsmån från döden 1992 efter svår arbetsbelastning och enorm stress. Vid det tillfället visade Gud mig att många av mina församlingsmedlemmar följde världens sätt att leva. Mitt hopp och önskan var att få vara med Herren tills jag såg denna syn. Då kunde jag inte längre längta efter att vara med Herren eftersom jag visste att många av mina får skulle hamna i helvetet.

Jag ändrade mig och bad Gud om att ge mig liv på nytt. På ett ögonblick gav Gud mig styrka och till min stora förvåning kunde jag resa mig upp ur min dödsbädd och återfå fullkomlig hälsa. Guds kraft upplivade mig. Eftersom jag har sådan stor kunskap om helvetet proklamerar jag uthålligt hemligheterna om helvetet som Gud har uppenbarat för mig i hopp om att rädda åtminstone en själ till.

Kapitel 4

Straff i nedre graven för ofrälsta barn

1. Foster och dibarn
2. Småbarn
3. Barn som kan gå och prata
4. Barn från sex till tolv års ålder
5. Småpojkarna som hånade profeten Elisa

*"Låt döden komma över dem,
låt dem fara levande ner i dödsriket,
ty ondska råder i deras boning, i deras hjärta."*
- Psaltaren 55:16 -

*"Därefter begav han sig upp till Betel.
Medan han var på väg dit upp kom en skara småpojkar ut ur staden.
De började håna honom och ropade till honom:
"Upp med dig, du flintskalle! Upp med dig, du flintskalle!"
När han vände sig om och fick se dem,
förbannade han dem i Herrens namn.
Då kom två björnhonor ut ur skogen
och rev ihjäl fyrtiotvå av pojkarna."*
- 2 Kungaboken 2:23-24 -

I det förra kapitlet beskrev jag hur den fallna ärkeängeln Lucifer styr helvetet och hur andra fallna änglar styr under Lucifers ledarskap. Helvetets budbärare torterar ofrälsta själar efter vad de har begått för synder. Generellt är straffen i nedre graven uppdelade i fyra nivåer. Det lindrigaste straffet utmäts på människor som har hamnat i helvetet som ett reslutat av domen över samvetet. Det tyngsta straffet utmäts på människor vars samveten är brännmärkta och som har konfronterat Gud på samma sätt som Judas Iskariot gjorde när han sålde Jesus för sin egna personliga vinning.

I följande kapitel kommer jag att i detalj beskriva de olika straffen som påläggs ofrälsta själar i nedre graven som tillhör helvetet. Innan vi går in på straffen som utmäts på vuxna ska jag gå igenom de olika straffen som utmäts på ofrälsta barn i olika åldersgrupper.

1. Foster och dibarn

Även ett barn som inte kan tänka kan hamna i nedre graven om det inte klarar av domen över samvetet eftersom den syndfulla naturen inom honom/henne är nedärvd från hans/hennes icke-troende föräldrar. Ett sådant barn får ett relativt lindrigt straff eftersom barnets synd är lindrig om man jämför med en vuxen, men barnet kommer att få lida av hunger och outhärdlig smärta.

Dibarn gråter och lider av hunger

Dibarn som ännu inte kan gå eller prata hamnar i en separat grupp och hålls på en rymlig plats. De kan inte tänka, röra sig eller gå själva eftersom ofrälsta bebisar behåller sitt yttre och sin medvetenhet som de hade då de dog.

De kan inte heller förstå varför de är i helvetet eftersom de inte har någon kunskap registrerad i deras hjärnor. De gråter bara som naturligt är av hunger utan att veta vem som är deras mor och far. En helvetets budbärare sticker en bebis mage, arm, ben, öga, fingernagel eller tånagel med ett spetsigt objekt som liknar en handborr. Då brister barnet ut i gallskrik och helvetets budbärare skrattar åt barnet med förnöjsamhet. Inte ens trots att barnet skriker konstant finns det någon som tar hand om barnet. Deras skrik fortsätter genom utmattning och stark smärta. Ibland samlas helvetets budbärare runt barnen, tar upp ett av dem, blåser luft in i barnet som en ballong. Sedan kastar, sparkar, eller leker de med barnet på skoj. Hur fruktansvärt och hemskt är inte detta!

Övergivna foster fråntas värme och behaglighet

Vad sker med foster som dör innan de föds? Som jag redan förklarat kommer de flesta av dem bli frälsta men det finns några undantag. En del foster kan inte bli frälsta eftersom de kommit till med den värsta tänkbara naturen nedärvd av sina föräldrar som allvarligt hade syndat mot Gud och gjort extremt onda handlingar. Själarna till dessa ofrälsta foster hamnar också på en avskild plats som liknar den som dibarn hamnar på.

De torteras inte på lika hemskt sätt som äldre människors själar eftersom de inte har något samvete och inte har syndat innan de dog. Deras straff och förbannelse blir att de överges, utan värmen och behagligheten som de kände i sin mammas livmoder.

Kroppsformer i nedre graven

Hur ser ofrälsta själar ut i nedre graven? Om ett dibarn dör har det kvar samma kroppsform som ett dibarn. Om ett foster dör i sin mammas livmoder har det samma form i nedre graven. Men frälsta själar i himlen får en ny uppståndelsekropp vid Jesu Kristi andra tillkommelse men de har samma drag som de hade på jorden. Då kommer var och en bli förvandlad till en vacker 33-åring likt Herren Jesus och få en andlig kropp. En kort person kommer att ha den mest optimala höjden och en person som saknar ett ben eller en arm kommer att ha alla sina kroppsdelar återställda.

Men ofrälsta själar i helvetet får ingen ny, uppståndelsekropp ens efter Herrens andra tillkommelse. De kan inte återuppstå eftersom de inte har livet från Jesus Kristus och därför förblir de i samma kroppsform som de hade då de dog. Deras ansikten och kroppar är bleka och mörkblåa – som lik – och deras hår är stripigt på grund av all terror i helvetet. Somliga bär trasor, andra bara några få klädesbitar, återigen andra har inget att täcka sina kroppar med.

I himlen har frälsta själar på sig vackra vita dräkter och

skinande kronor. Strålglansen från dräkterna och utsmyckningarna på dem skiljer sig också efter var och ens härlighet och belöning. Omvänt är det i helvetet där de ofrälsta själarna har sitt utseende beroende på graden och mängden synder de har gjort.

2. Småbarn

Nyfödda barn växer upp och lär sig att stå, krypa och säga några få ord. Vilka straff tillfogas dessa småbarn när de dör¬?

Småbarn grupperas också ihop på en specifik plats. De lider instinktivt eftersom de vid sin död inte kunde tänka logiskt eller bedöma saker på ett korrekt sätt.

Småbarn gråter efter sina föräldrar i outhärdlig skräck

Småbarn är bara två eller tre år gamla. Därför förstår de inte ens att de har dött och vet inte varför de är i helvetet, men de kommer fortfarande ihåg sin mamma och pappa. Det är därför som de oupphörligen ropar, "Var är du, mamma? Pappa? Jag vill hem! Varför är jag här?"

Medan de levde i den här världen kom deras mammor snabbt och tog upp dem i famnen när de till exempel ramlade och skrapade sina knän. Men nu kan deras mammor inte trösta dem ens om de ropar och gråter när deras kroppar är täckta av blod. Gråter inte ett barn i rädsla när han tappar bort sin mamma på en affär eller varuhus?

Straff i nedre graven för ofrälsta barn

Småbarnen kan inte hitta sina föräldrar som skulle kunna beskydda dem från detta fruktansvärda helvete. Bara denna tanke är tillräcklig för att få dem att skaka av skräck. Sedan hör de hotfulla röster och groteska skratt från helvetets budbärare som tvingar barnen att skrika ännu högre, men förgäves.

För att få tiden att gå slår helvetets budbärare till barnen på ryggen och trampar på dem eller piskar dem. I skräck och smärta försöker småbarnen då ducka eller fly bort från dem. Men på ett sådant trångt ställe kan småbarnen inte springa iväg och i ett hav av tårar och jämmer springer de in i varandra, trampas ner och skadas och blod rinner överallt. Under dessa miserabla omständigheter gråter barnen konstant i tårar eftersom de längtar efter sina mammor, är hungriga och skräckslagna. Ett sådant tillstånd är bara det ett "helvete" för dessa barn.

Det är knappast möjligt för barn i två-tre års ålder att ha begått allvarliga synder och brott. Trots detta blir de straffade på detta hemska sätt på grund av arvsynden och självbegångna synder. Hur mycket värre kommer straffen då bli för vuxna som har begått värre synder än barnen?

Men det är möjligt för vem som helst att gå fri från straffet i helvetet om man bara accepterar Jesus Kristus som dog på korset för att återlösa oss, och sedan lever i ljuset. Personen kan då ledas till himlen eftersom han blivit förlåten sina synder i det förgångna, i nutiden och i framtiden.

3. Barn som kan gå och prata

Småbarn som börjar gå och uttala ett eller två ord, springer runt och talar bra när de blir ca tre år gamla. Vilka straff får dessa barn, i åldern tre till fem år, i nedre graven?

Helvetets budbärare jagar dem med spjut

Barn mellan tre och fem års ålder skiljs åt på en mörk och rymlig plats och lämnas där för att straffas. De springer i väg med all sin kraft för att undvika helvetets budbärare som jagar dem med en treudd i sina händer.

Ett treuddat spjut är ett spjut vars ände uppdelats i tre delar. Helvetets budbärare jagar dessa barns själar, genomborrar dem med spjutet på samma sätt som en jägare jagar sitt byte. Till slut når barnen ett stup, och långt ner ser de vatten koka likt lava från en aktiv vulkan. Först tvekar barnen att hoppa över kanten men tvingas att hoppa ner i det kokande vattnet för att undvika helvetets budbärare som jagar dem. De har inget annat val.

Kämpar för att komma ut ur det kokande vattnet

Barnen kan undvika att genomborras av spjuten i budbärarnas händer, men nu befinner de sig i det kokande vattnet. Kan du föreställa dig hur oerhört smärtsamt detta måste vara? Barnen kämpar för att få ansiktet över den kokande vattenytan eftersom vattnet kommer in i deras näsa och mun. När budbärarna ser detta retar de barnen och säger, "Är det inte roligt?" eller "Oh, va härligt att se!" Sedan ropar budbärarna, "Vem är ansvarig för att barnen hamnade i helvetet? Låt oss se till att föräldrarna hamnar på dödens väg, föra dem hit när de dör, och få dem att se på när deras barn plågas och lider!"

Då fångas barnen som kämpar för att fly från det kokande vattnet upp i ett stort nät, som när fiskar fångas i nät, och slungas tillbaka till den plats där de var från början innan de började fly. Då upprepas den plågsamma processen med att barnen återigen flyr från helvetets budbärare som jagar dem med spjut, och hur de sedan hoppar ner i det kokande vattnet. Detta upprepas gång efter gång, utan slut.

Dessa barn är bara tre till fem år gamla; de kan inte springa värst bra. Ändå försöker de att springa så fort de bara kan för att komma undan helvetets budbärare som jagar dem med spjut och de kommer till stupet. De hoppar ner i det kokande vattnet och kämpar för att komma ut ur det. Sedan fångas de upp i ett stort när och slungas tillbaka till den plats där de kom från. Detta upprepas om och om igen. Så oerhört tragiskt och miserabelt detta är!

Har du någonsin bränt ditt finger på ett hett strykjärn eller en platta? Då vet hur hett och smärtfullt det var. Tänk dig nu att hela din kropp övertäcks av kokande vatten, eller att du sänks ner i det kokande vattnet, i en stor kastrull. Det är så smärtsamt och fruktansvärt att ens föreställa sig.

Om du någonsin har haft en tredje gradens brännskada kanske du mycket väl kan komma ihåg hur oerhört smärtsamt det är. Du kanske också kommer ihåg den röda huden, stanken från bränt kött och den fruktansvärda stanken från ruttnande döda celler i den brända kroppen.

När ett brännsår har läkt kvarstår ofta fula ärr. De flesta människor har svårt att umgås med människor med sådana ärr. Ibland kan till och med offrets familj ha svårt att äta tillsammans med honom. Under tider av behandling kanske patienten inte klarar av att uthärda skrapandet av bränd hud, och i värsta fall kan sådana patienter utveckla psykiska problem eller begå självmord på grund av den strama känslan och ångesten orsakad av behandlingen. Om ett barn lider från ett brännsår, känner även barnets föräldrar smärtan.

Men den värsta brännskadan i den här världen kan ändå inte jämföras med straffen som ofrälsta barn kommer få i helvetet, där straffen upprepas utan ände. Graden av smärta och grymheter som dessa barn får uppleva i straffen i helvetet är helt enkelt bortom vår föreställningsförmåga.

Ingenstans att fly eller gömma sig för dessa återkommande straffen

Barn springer runt för att undvika helvetets budbärare som jagar dem med treuddat spjut i sina händer, och de ramlar ner i det kokande vattnet från det höga stupet. De blir fullständigt nedsänkta i det kokande vattnet. Det kokande vattnet fastnar på kroppen som otyglad lava och sprider rutten stank. Det skvalpande och klibbiga vattnet kommer också in i deras näs och mun medan de kämpar för att ta sig ut ur det kokande vattnet. Hur kan man jämföra detta med något brännsår i den här världen, oavsett hur allvarligt det är?

Dessa barns sinnen blir inte avtrubbade trots att de återkommande plågas utan uppehåll. De kan inte bli galna, svimma för att glömma eller låta bli att tänka på smärtan ens för ett ögonblick, eller begå självmord för att undkomma smärtan i helvetet. Så fruktansvärt detta är!

Det är så här barn runt tre, fyra, och fem års ålder lider av oerhörd smärta i nedre graven som straff för deras synder. Kan du då ens föreställa dig vad som väntar äldre människor i andra delar av helvetet?

4. Barn från sex till tolv års ålder

Vilka straff utmäts på de ofrälsta barnen från sex till tolv års ålder i nedre graven?

Bli begravd i flod av blod

Sedan världens skapelse har väldigt många själar utgjutit sitt blod medan de blivit så fruktansvärt plågade i nedre graven. Hur mycket blod har de utgjutit speciellt eftersom deras armar och ben blir återbildade så snart de huggits av?

Det är så stora mängder blod att det fyller upp en hel flod eftersom deras straff upprepas utan slut oavsett hur mycket blod som redan utgjutits. Även här i världen kan en stor massaker eller ett stort krig göra så att människors blod formar en stor pöl eller en rännil. Då fylls luften av en frän stank från det ruttnande blodet. På varma sommardagar blir stanken värre och alla möjliga insekter svärmar runt och infektionssjukdomar sprids som en epidemi.

I nedre graven i helvetet finns det inte en stor pöl eller en rännil utan en vid och djup flod av blod. Barn mellan sex och tolv års ålder straffas på flodbankerna och begravs där. Ju värre synd de har begått desto närmare floden och djupare begravs de.

Gräver i jorden

Barn som är långt borta från floden av blod begravs inte i marken. Ändå är de så hungriga att de gräver i den hårda jorden med sina bara händer för att hitta något att äta. Desperat men förgäves gräver de tills de tappar sina naglar och deras fingertoppar blir nednötta. Deras fingrar nöts ner till hälften av vad de var och är genomdränkta av blod. Till och med benen i deras fingrar är blottade. Till slut har deras handflator också blivit utnötta. Trots denna smärta tvingas barnen gräva i med en gnutta hopp om att hitta mat.

När man kommer närmare floden kan man lätt se att barnen är ondare. Ju ondare barnen är desto närmare floden är de placerade. De slåss till och med mot varandra och biter varandra i extrem hunger medan de är begravda från midjan och neråt.

De ondaste barnen straffas just intill flodkanten och de är begravda från halsen och neråt. Människor i den här världen skulle så småningom dö om de blev begravda från halsen och neråt eftersom blodet inte längre kan cirkulera i kroppen. Men eftersom det inte finns någon död innebär det en oändlig ångest för de ofrälsta själarna som straffas i helvetet.

De lider av flodens fräna stank. Alla möjliga insekter som myggor och flugor från floden biter barnen i ansiktet men de kan inte vifta undan insekterna eftersom de är begravda i marken. Deras ansikten svullnar upp till den grad att man inte kan känna igen dem längre.

Förtvivlade barn: helvetets budbärares leksaker

Barnens lidande tar inte alls slut där. Deras trumhinnor brister på grund av de höga skratten från helvetets budbärare där de vilar på flodbankerna, och skrattar och pratar med varandra. När helvetets budbärare vilar trampar eller sitter de på dessa barns huvuden som är begravda i marken.

Helvetets budbärares kläder och skor är utrustade med vassa saker. Det gör att barnens huvuden krossas, deras ansikten rispas och deras hår rycks bort i bitar när budbärarna trampar eller sitter på dessa barn. Budbärarna slår dessutom barnen i ansiktet eller håller fast deras huvuden under deras fötter. Så elaka dessa straff är!

Du kanske undrar, "Är det möjligt att ett barn på lågstadienivå kan ha begått sådana synder att de får så hemska straff?" Oavsett hur unga dessa barn är har de först och främst arvsynden och de synder som de medvetet har begått. Den andliga lagen som säger att "syndens lön är döden", tillämpas universellt på varje person oavsett hans eller hennes ålder.

5. Småpojkarna som hånade profeten Elisa

2 Kungaboken 2:23-24 utmålar en scen då profeten Elisa gick upp från Jeriko till Betel. När profeten vandrade utmed vägen kom några ynglingar från staden och hånade honom och sa, "Upp med dig, du flintskalle!" När han inte längre kunde stå ut med dem förbannade Elisa till slut barnen. Då kom två björnhonor ut och rev ihjäl fyrtiotvå av dessa småpojkar. Vad tror du hände med de fyrtiotvå barnen i nedre graven?

Begravda upp till halsen

Två björnhonor kom och rev ihjäl fyrtiotvå av barnen. Då kan du tänka dig hur många barn som måste ha följt efter och hånat profeten. Elisa var en profet som utförde många kraftfulla gärningar från Gud. Med andra ord kunde Elisa inte ha förbannat dem om de bara hade hånat honom med några få ord.

De höll på att följa efter honom och håna honom med orden "Upp med dig, du flintskalle!" Förutom detta kastade de stenar på honom och stack honom med pinnar. Till en början måste profeten Elia innerligt tillrättavisat dem och skällt ut dem, men han skulle bara ha förbannat dem om de var för onda för att bli förlåtna.

Denna händelse skedde för flera tusen år sedan då människor hade mycket bättre samvete och när ondskan hade ännu inte fått ett sådant starkt fäste som den har i våra dagar. Dessa barn måste varit tillräckligt onda för att håna och göra narr av en gammal profet som Elisa, som gjorde kraftfulla gärningar från Gud.

I nedre graven blir dessa barn straffade nära floden med blod, begravda upp till nacken. De kvävs av den fräna stanken från floden, och bits av alla möjliga skadliga insekter. De blir dessutom grymt plågade av helvetets budbärare.

Föräldrar måste fostra sina barn

Hur uppför sig barn i vår tid? En del av dem lämnar sina jämnåriga ute i kylan, tar deras veckopeng eller lunchpengar, slår dem, och till och med bränner dem med cigarettstumpar – bara för att de inte tycker om dem. En del barn begår till och med självmord eftersom de inte längre kan stå ut med dessa hemska grymheter och trakasseri. Andra barn formar gäng redan på lågstadiet och till och med dödar människor, för att vara som beryktade kriminella.

Därför borde föräldrar fostra sina barn på ett sätt som håller dem borta från att formas efter den här världens sätt och istället leda dem till att utvecklas och leva ett trofast liv i gudsfruktan. Hur fruktansvärt ledsen skulle du bli om du kom in i himlen och sedan såg dina barn bli plågade i helvetet? Det är fasansfullt att ens tänka på.

Därför behöver du fostra dina dyrbara barn i att leva i tron i enlighet med sanningen. Du borde till exempel lära dina barn att inte prata eller springa runt under en gudstjänst utan istället be och prisa Gud med hela sitt hjärta, sinne och själ. Till och med små barn som inte kan förstå vad deras mamma säger kan sova lugnt utan att gråta under gudstjänster när deras mamma ber för dem och uppfostrar dem i tron. Dessa barn kommer också få en belöning i himlen för deras uppförande.

Barn från tre, fyra års ålder kan tillbe Gud och be när deras föräldrar lär dem att göra det till en vana. Beroende på deras ålder kan djupet av bönen variera. Föräldrar kan lära sina barn att utöka sin bönetid lite i taget, från fem minuter till tio minuter, till 30 minuter, till en timme och så vidare.

Oavsett hur unga dessa barn är kommer dessa barn försöka att leva efter Guds ord och leva på ett sätt som behagar Honom när deras föräldrar undervisar dem om Ordet på deras nivå där de kan förstå kommer de också att omvända sig och bekänna sina synder under tårar när den Helige Ande verkar inom dem. Jag uppmanar dig att undervisa dem konkret vem Jesus Kristus är och leda dem till att växa i tron.

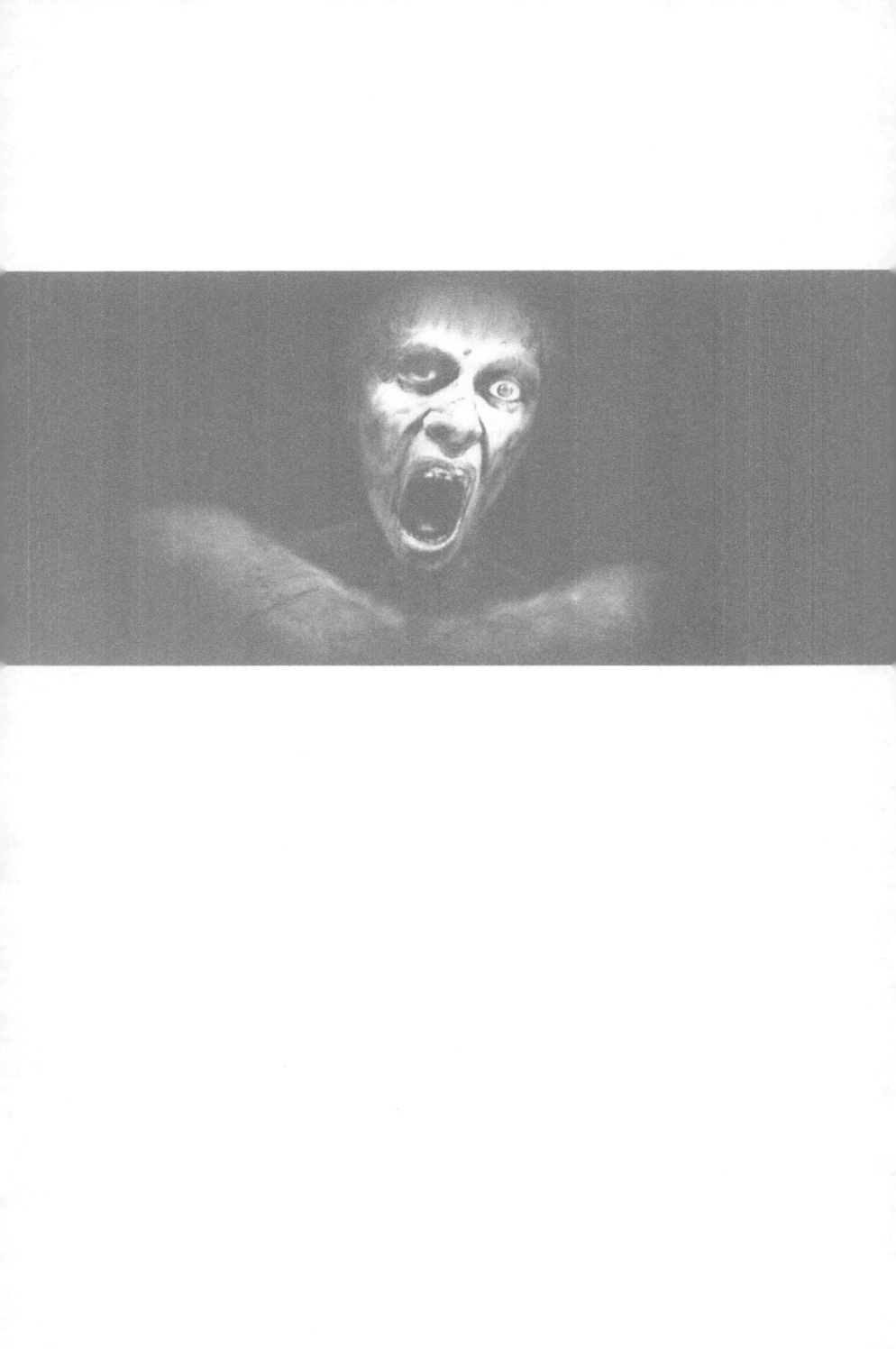

Kapitel 5

Straff för människor som dog efter puberteten

1. Den första straffnivån
2. Den andra straffnivån
3. Faraos straff
4. Den tredje straffnivån
5. Pontius Pilatus straff
6. Saul, den första kungen i Israels, straff
7. Den fjärde straffnivån för Judas Iskariot

*"Ner till dödsriket har
din härlighet måst fara och dina harpors buller.
Förruttnelse är bädden under dig
och maskar ditt täcke."*
- Jesaja 14:11 -

*"Som ett moln löses upp och är borta,
så kommer inte heller den tillbaka
som farit ner i dödsriket."*
- Job 7:9 -

Varenda en som kommer in i himlen kommer att få ta olika belöningar och härlighet beroende på ens gärningar i det här livet. I nedre graven är det omvänt, olika straff utmäts där beroende på individens onda handlingar i det här livet. Människor i helvetet lider av oerhörda, eviga smärtor, och graden av smärta och vånda varierar beroende på deras egna handlingar i det här livet. Oavsett om en människa hamnar i himlen eller i helvetet kommer han att skörda det han har sått.

Ju fler synder man har begått, desto djupare ner i helvetet hamnar man, och ju allvarligare synderna är, desto större vånda och smärta kommer man uppleva i helvetet. Beroende på hur mycket ens hjärta är motståndare till Gud – med andra ord, beroende på hur mycket ens hjärta efterliknar Lucifers syndfulla natur – blir graden av straff utmätt därefter.

Galaterbrevet 6:7-8 säger oss, *"Bedra inte er själva. Gud bedrar man inte: det människan sår skall hon också skörda. Den som sår i sitt kötts åker skall av köttet skörda undergång, men den som sår i Andens åker skall av Anden skörda evigt liv."* På det här sätter kommer man sannerligen få skörda det man har sått.

Vilka straff kommer människor som dör efter puberteten få i nedre graven? I det här kapitlet kommer jag ta upp de fyra olika straffnivåerna i nedre graven som utmäts på själarna beroende på deras gärningar i det här livet. Som en parentes vill jag be dig förstå att jag kan inte kan ge dig grafiska detaljer eftersom din fruktan då kommer få ännu mera eld på veden.

1. Den första straffnivån

En del själar tvingas att stå på sand som är sju gånger hetare än ökensanden eller badstränder i den här världen. De kan inte fly från dessa lidanden eftersom de är som strandade mitt i en stor öken.

Har du någonsin gått barfota i brännhet sand en varm sommardag? Man klarar inte stå ut med smärtan ens tio till femton minuter när man går barfota på stranden en varm, solig sommardag. Sanden i tropikerna är betydligt varmare än så. Kom ihåg att sanden i nedre graven är sju gånger hetare än den hetaste sanden i världen.

Under min pilgrimsfärd till det Heliga Landet försökte jag springa på den asfalterade vägen till Döda Havet istället för att åka en vagn. Till en början sprang jag fort tillsammans med två andra pilgrimer som var med mig på resan. Först kände jag ingen smärta men ungefär halvvägs dit började jag känna hur det brände under båda fotsulorna. Trots att vi ville fly från lidandet fanns det ingen plats att ta vägen; på båda sidorna om vägen fanns grusfält som var precis lika heta som asfalten.

Det slutade med att vi sprang till slutet av vägen där vi kunde doppa våra heta fötter i det kalla vattnet i en närliggande swimmingpool. Lyckligtvis hade ingen av oss fått brännskador. Vi sprang i ca tio minuter och det var tillräckligt för att uppleva en outhärdlig smärta. Tänk dig då om du tvingas att stå i för evigt på sand som är sju gånger hetare än någon sand på jorden. Oavsett hur outhärdligt het sanden är finns det inget sätt att få lindrig på när lidandet tar slut. Ändå är detta ett av de lindrigaste straffen i nedre graven.

Det finns en själ som torteras på ett annat sätt. Han tvingas att ligga på en tung klippa som har hettats upp så mycket att det har fått en rödhet färg, och straffs med att grillas hela tiden utan uppehåll. Det ser ungefär ut som när man steker kött på en fräsande grill. Precis då faller en annan sten som också blivit upphettad ner på hans kropp och krossar allt i hans kropp. Tänk på kläderna man stryker: strykbordet är som klippan som kläderna – den fördömda själen – ligger på och strykjärnet är som den andra stenen som pressas ner mot kläderna.

Hettan är en del av tortyren; när kroppsdelar krossas en annan. Lemmarna krossas i småbitar genom trycket mellan stenblocken. Dess kraft är tillräckligt stark för att separera hans revben och inre organ. När hans skalle krossas poppar ögonen ut och all hjärnsubstans sprutar ut.

Hur kan hans lidande beskrivas? Trots att han är en själ utan fysisk form kan han ändå känna och uppleva lidandet och den enorma smärta på samma sätt han upplevde i det här livet. Han befinner sig i evig vånda. Tillsammans med de genomträngande skriken från de andra själarna som plågas, är den här själen fångad i sin egen fruktan och skräck, klagan och ropar ut, "Hur kan jag fly från denna plåga?"

2. Den andra straffnivån

Genom berättelsen om den rike mannen och Lasarus i Lukas 16:19-31 kan vi få en glimt av ondskan som finns i nedre graven.

Helvetet

Genom den Helige Andes kraft har jag hört klagoropen från en man som plågas i nedre graven. Genom att lyssna på följande bekännelse ber jag att du kommer att vakna upp från din andliga slummer.

>Jag släpas runt hit och dit
>men det finns inget slut.
>Jag springer och springer
>men det finns inget slut.
>Ingenstans kan jag finna en plats att gömma mig.
>Min hud har skalats av på denna plats
>fylld av den fränaste stanken.
>Insekter gnager på mitt kött.
>Jag försöker att fly och fly bort från dem,
>ändå är jag på samma plats hela tiden.
>De fortsätter att bita och äta på min kropp;
>de suger mitt blod.
>Jag skakar av fruktan och skräck.
>Vad skall jag göra?

>Snälla, jag bönfaller dig,
>Låt människor få veta vad som händer med mig.
>Berätta för dem om mina kval
>Så att de inte hamnar här.
>Jag vet verkligen inte vad jag skall göra.
>Under stor fruktan och skräck,
>Kan jag endast sucka och bäva.
>Det är meningslöst att leta efter en tillflykt.

De skrapar på min rygg.
De biter på mina armar.
De drar av mig huden.
De äter upp mina muskler.
De suger ut mitt blod.
När det här är över
kommer jag kastas i eldsjön.
Vad kan jag göra?
Vad ska jag göra?

Trots att jag inte trodde på Jesus som min Frälsare,
trodde jag att jag var en man med gott samvete.
Innan jag kastades ner i nedre graven,
förstod jag aldrig
att jag hade begått så många synder!
Nu kan jag endast ångra mig om och om igen
över allt jag har gjort.
Snälla, se till att det inte blir fler som jag.
Många människor här
trodde att de levde goda liv medan de levde.
Ändå är de alla här.
Många som sa sig tro
och trodde sig leva efter Guds vilja
är också här,
och de torteras ännu grymmare än jag.

Jag önskar jag kunde svimma bort från allt lidande
om ens en stund, men jag kan inte.

Jag kan inte ens vila om jag stänger mina ögon.
När jag öppnar mina ögon,
kan inget ses och inget är märkbart.
Medan jag fortsätter att fly hit och dit,
är jag fortfarande på samma plats.
Vad kan jag göra?
Vad kan jag göra?
Jag bönfaller dig, se till
att ingen följer mina fotspår!

Denna själ är en relativt god man jämfört med många andra i nedre graven. Han bönfaller Gud om att låta människor få veta vad som händer med honom. Till och med i denna extrema plåga oroar han sig över själar som kanske kommer hamna där. Ssom den rike mannen pläderade för sina bröder att bli varnade så att de inte också *"skulle komma till detta pinorum"* bönfallde även denna själ Gud på samma sätt (Lukas 16).

Men de som hamnar på den tredje och fjärde straffnivån i nedre graven har inte alls denna slags godhet. De utmanar Gud och skuldbelägger folk utan hejd.

3. Faraos straff

Egyptens kung, Farao, som stod emot Mose tar emot den andra straffnivån, men graden av hans straff gränsar till den tredje straffnivån.

Vad för slags ondska gjorde Farao i det här livet som gjorde att han förtjänar detta slags straff? Varför sändes han till nedre graven?

När israeliterna betrycktes som slavar kallades Mose av Gud för att föra ut Hans folk från Egypten och leda dem till det förlovade landet, Kanaan. Mose gick inför Farao och sa till honom att låta israeliterna lämna Egypten. Men eftersom Farao tänkte på värdet han hade i denna påtvingade arbetskraften från israeliterna vägrade han låta dem gå.

Genom Mose sände Gud de tio plågorna mot Farao, hans tjänstemän och folk. Vattnet i Nilen förvandlades till blod. Grodor, myggor och flugor övertäckte hans land. Farao och hans folk led då deras boskapsdjur drabbades av pest, då de själva drabbades av bölder och då hagel, gräshoppor och mörker kom över landet. Varje gång en ny plåga kom lovade Farao Mose att låta israeliterna lämna Egypten, bara för att förebygga fler plågor. Men varje gång bröt Farao sina löften och fortsatte att förhärda sitt hjärta efter varje gång som Mose bett till Gud och Han vände bort de dödliga plågorna från dem. Till slut lät Farao israeliterna gå, men först efter att varje förstfödd son i Egypten, från tronarvingen till slaven hade dött, liksom allt förstfött bland boskapen.

Men strax efter den sista plågan ändrade Farao sig på nytt. Han och hans armé förföljde israeliterna som hade slagit läger vid Röda Havet. Då skedde ett mirakel. Röda Havet klövs mitt itu genom Guds kraft. Israeliterna kunde gå över Röda Havet på torr mark och egyptierna följde efter dem ner i havet. *"Vattnet som vände tillbaka övertäckte vagnarna och ryttarna och hela faraos här som hade kommit efter dem ut i havet. Inte en enda av dem kom undan"* (2 Mosebok 14:28).

I Bibeln har många godhjärtade hednakungar trott på Gud och tillbett Honom. Men Farao hade ett förhärdat hjärta trots att han tio gånger hade sett Guds kraft. Det ledde till att Farao hamnade i en fruktansvärd katastrof då hans tronarvinge dog, hans armé gick under och nationen fick lida armod.

Nu för tiden hör människor om den allsmäktige Guden och blir ögonvittnen till Hans kraft. Men de förhärdar sina hjärtan på samma sätt som Farao gjorde. De accepterar inte Jesus som sin personlige Frälsare. Dessutom vägrar de att omvända sig från sina synder. Vad kommer att hända med dem om de fortsätter att leva sina liv på det här sättet? Till slut kommer de att hamna på samma straffnivå som Farao i nedre graven.

Vad händer med Farao i nedre graven?

Farao inspärrad i spillvatten

Farao hålls inspärrad i en bassäng med spillvatten med ohygglig stank. Hans kropp sitter fast i en bassäng så att han inte kan röra sig. Han är inte ensam där utan det finns andra själar inspärrade för samma grad av synder.

Det faktum att han var en kung ger honom ingen särställning eller bättre behandling i nedre graven. Istället hånar och torterar helvetets budbärare Farao än starkare eftersom han hade en maktposition, var arrogant, betjänades av andra och levde ett liv i överflöd.

Den bassäng som Farao sitter i är inte bara fylld med spillvatten. Har du någonsin sett ruttnande och förgiftade kroppar i vatten eller i avloppsvatten, eller i hamnar där skepp dockar? Sådana platser är fyllda med bensin, skräp och stank. Det verkar omöjligt för liv att existera i en sådan miljö. Om du doppar handen i det kan du börja oroa dig över att din hud blivit smittad med allt avskyvärt innehåll i vattnet.

Farao ser sig själv i detta tillstånd. Denna bassäng är också fylld med alla möjliga kryp och insekter. De ser ut som maskar men är betydligt större.

Insekter biter på de mjuka delarna av kroppen

Dessa insekter drar sig till de instängda själarna i bassängen, och börjar gnaga på de mjukare delarna av deras kroppar. De gnager på ögonen, och genom ögonhålan kommer insekterna in under skallbenet och börjar gnaga på hjärnan. Kan du tänka dig hur smärtsamt detta är? Mot slutet, gnager de på allt från huvud till tår. Med vad kan vi jämföra denna ångest?

Visst är det smärtsamt när man få lite grus i ögonen? Så mycket smärtfullare det måste vara när insekter gnager på ens ögon! Tror du att du skulle kunna uthärda smärtan när dessa insekter gräver sig igenom hela din kropp?

Tänk dig också en nål som skjuts under dina fingernaglar eller som sticker hål på din fingertopp. Dessa insekter fortsätter att skala av skinnet och sakta skrapa musklerna in på bara benen. Dessa insekter slutar inte vid handen utan fortsätter snabbt uppför armarna och axlarna, och ner mot bröstet, magen, benen och baksidan. Dessa instängda själar måste bära tortyren och smärtan som följer på detta.

Insekter gnager upprepande på inre organ

De flesta kvinnor blir rädda när de ser kryp och vägrar ta på dem. Tänk dig då hur läskigare insekter måste vara som är mycket större än småkryp och som stinger fördömda själar. Först tvingar insekterna sig in i deras kroppar genom deras mage. Sedan börjar de gnaga på deras kött från de fem inälvorna och de sex tarmarna. Insekterna suger sedan ut vätskan från deras hjärnor. De fördömda själarna kan under tiden inte värja sig, röra sig eller fly från dessa förskräckliga insekter.

Insekterna fortsätter att gnaga på deras kroppar lite i taget i det att själarna ser sina kroppar hackas och gnagas på. Om vi bara under tio minuter skulle tvingas utstå denna slags tortyr skulle vi bli galna. En av dessa fördömda själarna på denna onda plats är Farao, han som utmanade Gud och Hans tjänare Mose. Han lider i denna gastkramande smärta, fullt vaken, och ser och känner hela tiden hur hans kropp äts på och barskrapas.

Är det då slut på tortyren efter att insekterna gnagt bort hela ens kropp? Nej. Efter en liten stund blir den söndergnagda och barskrapade kroppen återställd, och insekterna rusar tillbaka till själen för att gnaga på olika kroppsdelar. Det finns inget slut på detta. Smärtan blir inte mindre och man blir inte van vid den – eller bortdomnad – av tortyren.

Det är på det här sättet som andevärlden fungerar. Om Guds barn i himlen äter frukt från ett träd blir den frukten återställd. På liknande sätt är det i nedre graven. Oavsett hur många gånger dessa insekter har gnagt på ens kroppsdelar, blir varje del av kroppen återställd omedelbart efter att den blivit söndergnagd och upplöst.

Även om man har levt ett ärligt och medvetet liv

Bland ärliga människor finns dem som inte vill eller väljer att acceptera Jesus och evangeliet. På utsidan ser de goda och ädla ut, men de är inte goda och ädla enligt sanningen.

Galaterbrevet 2:16 påminner oss att *"Men eftersom vi vet att människan inte förklaras rättfärdig genom laggärningar utan genom tro på Jesus Kristus, så har också vi satt vår tro till Kristus Jesus, för att vi skall stå som rättfärdiga genom tro på Kristus och inte genom laggärningar. Ty genom laggärningar blir ingen människa rättfärdig."* En rättfärdig man är den som kan bli frälst på grund av namnet Jesus Kristus. Bara då kan alla hans synder bli förlåtna genom hans tro på Jesus Kristus. Om han tror på Jesus Kristus kommer han med all säkerhet lyda Guds ord.

Om man trots överflödande bevis på Guds skapelse av universum och Hans under och kraftgärningar som demonstrerats genom Hans tjänare fortfarande förnekar den Allsmäktige Guden, är man ingenting annat är en ond människa med ett hårt samvete.

Från hans eget perspektiv kan han ha levt ett ärligt liv. Men om han fortsätter att förneka Jesus som sin personlige Frälsare, har han ingenstans att ta vägen förutom till helvetet. Sådana individer som har levt jämförelsevis goda och ärliga liv jämfört med de onda som begått synder så mycket de ville genom att följa sina syndfulla begär kommer ta emot den första eller andra straffnivån i nedre graven.

Om människor som dog utan att ha fått möjlighet att ta emot evangeliet inte klarar domen över samvetet kommer de flesta av dem få den första eller andra straffnivån. Och man kan förstå att en själ som får den tredje eller fjärde straffnivån i nedre graven har varit mycket ondskefullare och elakare än många andra.

4. Den tredje straffnivån

De tredje och fjärde straffnivåerna är reserverade för alla dem som vänt sig bort från Gud, som fått sina sinnen brännmärkta, som har skvallrat och hädat mot den Helige Ande, och har gått emellan för att stoppa Guds rikes etablerande och utvidgande. Den som vidare har utdömt Guds församlingar som "villolärare" utan säkra bevis tar också emot den tredje eller fjärde straffnivån.

Låt oss innan vi går in på den tredje straffnivån i nedre graven, titta lite på olika tortyrformer som människan har fött fram.

Grym tortyr uttänkt av människor

Under den tid då mänskliga rättigheter var mer en dröm än en vardagsverklighet, tänktes många olika former av kroppsliga straff ut, inklusive olika former av tortyr och avrättning, och de genomfördes också.

Under medeltiden i Europa tog fångvaktare en fånge till källaren för att få fram en bekännelse. På vägen dit såg fången blodfläckar på golvet och i rummet såg han olika redskap som användes för tortyr. Han hörde ohyggliga skrik som hördes genom hela byggnaden, skrik som var outhärdliga att höra.

En av de vanligaste tortyrmetoderna var att lägga fångens (eller vem man nu skulle tortera) fingrar och tår i små metallramar. Metallramarna drogs åt tills hans fingrar och tår krossades. Sedan drogs hans finger-eller tånagel ut en och en i det att trycket i metallramen släpptes lite i taget.

Om fången inte bekände efter detta hängdes han upp i luften med armarna böjda bakåt och hans kropp snedvriden i alla riktningar. I denna plåga lade man till ännu mer smärta i det att hans kropp lyftes upp i luften och släpptes ner mot marken i olika hastigheter. Ännu värre blev det när man knöt fast en tung järnbit på fångens fotleder medan han fortfarande hängde i luften. Tyngden från järnet var tillräckligt för att riva sönder alla muskler och ben i hans kropp. Om fången fortfarande inte bekände, använde man ännu värre och ytterst plågsamma tortyrmetoder.

Fången fick sitta i en stol som var speciellt anpassad för tortyr. På stolen, på ryggstödet, och på stolens ben fanns tätt placerade små spett. När fången såg detta fruktansvärda redskap försökte han fly för sitt liv men fångvaktare som var betydligt större och starkare än honom tvingade honom tillbaka till stolen. Direkt kände fången hur spetten trängde in i hans kropp.

En annan tortyrmetod var att hänga en misstänkt eller en fånge upp och ner. Efter en timme tappade han blodtrycket, blodkärl i hjärnan brast och blod strömmade ut ur hans hjärna genom ögonen, näsan, och öronen. Han kunde inte längre se, lukta eller höra.

Ibland användes eld för att tvinga fången till lydnad. Tjänstemannen kom nära den misstänkte med ett brinnande stearinljus. Detta ljus fördes till den misstänktes armhålor eller fotsulor. Armhålorna brändes eftersom de är de känsligaste delarna av människokroppen medan fotsulorna brändes på grund av att smärtan varar längre där.

Andra gånger blev den misstänkte tvingad att bära upphettade järnskor barfota. Sedan rev torteraren sönder det mjuka hullet. Eller så kunde torteraren skära av fångens tunga eller bränna hans gom med brännhet järntång. Om fången dömdes till döden spändes han fast i en hjulliknande ram, som var designad att splittra kroppen i delar. Det snabba snurrandet rev sönder kroppen i delar medan fången fortfarande var vid liv och medvetande. Vid andra tillfällen avrättades de genom att torteraren hällde smält metall ner i deras näsa och örongångar.

Eftersom de visste att de inte skulle kunna stå ut med denna gastkramande smärta i tortyren hände det ofta att många fångar mutade torterare och fångvaktare så att de kunde få en snabb och smärtfri död.

Detta är en del av tortyrmetoderna uttänkta av människor.

Bara den mentala bilden av att föreställa sig detta är tillräckligt för att skrämma oss. Då kan man redan tänka ut att de tortyrmetoderna som helvetets budbärare, som är under Lucifers strikta ledarskap, kan endast vara betydligt värre och gastkramande än andra former av tortyr som människor någonsin har tänkt ut. Dessa helvetets budbärare saknar medlidande och gläds endast av att höra själar skrika och gråta i terrorn i nedre graven. De försöker alltid uppfinna hemskare och smärtsammare tekniker för att tortera dessa själar.

Kan du tillåta dig själv att hamna i helvetet? Kan du tillåta dina älskade, din familj och vänner att hamna i helvetet? Alla kristna måste tänka på sin uppgift att sprida och predika evangeliet och göra allt de kan för att frälsa varje själ så att de inte hamnar i helvetet.

Vad är då den tredje straffnivån?

i) Helvetets budbärare bär fasansfulla svinmasker

En själ i nedre graven är bunden vid ett träd och hans kött skärs i små bitar, lite i taget. Kanske man kan jämföra detta med när man skär fisk för att förbereda sashimi. En helvetets budbärare som bär en avskyvärd och skrämmande mask förbereder de nödvändiga tortyrredskapen. Det finns många olika slags redskap, allt från en liten dolk till en yxa. Sedan slipar helvetets budbärare redskapen mot en sten. Redskapen behöver inte vässas eftersom den yttersta delen på varje redskap i nedre graven förblir alltid så vassa som de kan vara. Den största orsaken till att de slipas är för att ytterligare skrämma själen som väntar på sin tortyr.

Skär av köttet med början på fingertopparna

Så fruktansvärt rädd och förskräckt själen måste vara när han hör dessa redskap slå mot varandra och helvetets budbärare närmar sig honom med ett lömskt leende!

"Den kniven ska snart skära i mitt kött...
Den yxan kommer snart hugga av mina lemmar...
Vad ska jag ta mig till?
Hur ska jag kunna uthärda smärtan?"

Skräcken i sig kväver honom nästan. Själen fortsätter att påminna sig om att han är ordentligt fastbunden vid trädstammen, kan inte röra sig, och att det känns som om repen skär in i hans kropp. Ju mer han försöker fly från trädet, desto mer spänns repet runt hans kropp. Helvetets budbärare närmar sig honom och börjar skära i hans kött, med början på fingertopparna. En bit kött täckt i blod faller till marken. Hans fingernaglar dras ut och en stund senare skärs fingrarna också av. Budbäraren skär av hans kött från fingrarna, ända upp till handleden, och till hans skuldra. Det enda som finns kvar på armen är benen. Sedan flyttar sig budbäraren ner till själens vadben och lårens insida.

Ända tills de inre organen exponeras

En budbärare från helvetet börjar skära i hans mage. När tarmpaketet exponeras skär han ut dessa organ och kastar bort dem. Sedan börjar han rycka ut andra organ med hans vassa redskap.

Fram till den här punkten har själen varit vid medvetande och sett hela processen: hans kött bortskuret och hans inälvor utkastade. Tänk dig att någon har bundit dig och börjar skära bort en del av din kropp med början på baksidan av handen, bit för bit, där varje bit är lika stor som ens naglar. När kniven rör dig börjar blodet omedelbart att rinna och lidandet börjar genast, och inga ord kan riktigt uttrycka din fruktan. När man i nedre graven får den tredje straffnivån gäller det inte bara en del av ens kropp; utan huden på hela kroppen, från huvud till tå, och alla ens inälvor plockas ut, en efter en.

Se än en gång sashimi, en japansk rå fiskrätt, framför dig. Kocken har precis separerat huden från benen. Sedan skär han köttet i så tunna bitar som möjligt. Rätten förbereds från levande fiskar. Fisken verkar fortfarande vara vid liv och man kan se dess gälar röra sig. Kocken på restaurangen har inget medlidande alls för fisken, för om han hade det skulle han inte kunna göra sitt arbete.

Håll alltid dina föräldrar, din make/maka, dina släktingar, och dina vänner i bön. Om de inte blir frälsta och hamnar i helvetet kommer de lida sådan tortyr av att deras kött skärs upp och deras ben blir avskrapade av obarmhärtiga budbärare från helvetet. Det är vår skyldighet som kristna att sprida de goda nyheterna, eftersom domens dag närmar sig, och Gud kommer säkerligen hålla var och en av oss ansvariga för dem som vi inte kunde föra till himlen.

Knivskära själens ögon

Helvetets budbärare tar upp en handborr istället för en kniv den här gången. Själen vet redan vad som ska hända med honom eftersom det inte är första gången som han kommer att måsta uthärda detta; han har redan blivit torterad hundratals och tusentals gånger sedan dagen så han hamnade i nedre graven. Helvetets budbärare närmar sig själen, hugger själens öga med handborren, och låter borren vara kvar i ögonhålan en stund. Hur skrämmande det måste vara när själen ser handborren närma sig mer och mer? Den ångesten han upplever då borren sticks in i hans öga kan inte med ord beskrivas.

Är detta slutet på tortyren? Nej. Själens ansikte är hittills intakt. Helvetets budbärare börjar skära ut kinderna, näsan, och pannan, och sedan resten av ansiktet. Han glömmer inte bort huden på själens öra, läppar och hals. Muskulaturen kring halsen skärs sönder lite i taget och blir tunnare och tunnare tills halsen till slut går av. Allt detta är del av den första delen av tortyren, och slutet på den indikerar början på en ny del av tortyren.

Man kan inte ens skrika eller gråta

Efter ett tag blir de delarna i hans kropp som blivit bortskurna återställda, som om ingenting har hänt med dem. Medan kroppen återställer sig själv kommer ett kort ögonblick av befrielse från ångest och smärta. Men denna lilla paus påminner endast själen om att mer tortyr väntar, och snart börjar han skaka av okontrollerbar rädsla. Medan han väntar på tortyren hörs ljuden av vässande igen. Då och då tittar helvetets budbärares som bär en ohygglig svinmask på honom med ett lömskt leende. Budbäraren är redo för ytterligare en rond. Den gastkramande tortyren påbörjas igen. Tror du att du skulle kunna bära detta? Ingen del av ens kropp blir bortdomnad av tortyren eller den konstanta smärtan. Ju mer man torteras, desto mer lider man.

En misstänkt som hålls i häktet eller en fånge som snart ska torteras vet att det som väntar honom bara kommer att pågå under en kort tid, men ändå skakar han av överväldigande rädsla. Tänk dig då att en budbärare från helvetet med en avskyvärd svinmask närmar sig med olika redskap i sina händer, som han slår mot varandra. Tortyren kommer att upprepas utan uppehåll: köttet skärs av, inälvorna slits ut, ögonen blir stuckna, och mycket annat kommer att följa på detta.

Därför kan en själ i nedre graven inte skrika eller be helvetets budbärare om liv, nåd, mindre elakheter, eller något annat. Andra själars gallskrik, rop om nåd, och tortyrredskapens oljud omringar själen. Så snart själen ser helvetets budbärare blir han likblek på ett ögonblick. Han vet dessutom också att han inte kan frigöra sig själv från lidandet tills han kastas i eldsjön efter domen vid den stora vita tronen vid tidsålderns slut (Uppenbarelseboken 20:11). Den grymma verkligheten tillfogar än mer smärta till den som redan finns.

ii) Straff som innebär att kroppens pumpas upp som en ballong

Någon som har lite samvete känner sig skyldig om han eller hon sårar någon annans känslor. Eller, oavsett hur mycket en individ kan ha hatat någon annan i det förgångna, om något olyckligt händer denne person reser sig en känsla av medlidande upp medan känslan av hat förminskas, åtminstone för en stund.

Men om ens samvete har blivit brännmärkt som med ett hett strykjärn, är personen fullständigt likgiltig mot andra människors lidande, och för att kunna uppnå sina egna mål kan han till och med vilja begå den mest avskyvärda grymhet.

Människor behandlas som avskum och avfall

I diktaturen Nazityskland under andra världskriget och i Japan, Italien och andra länder, blev väldigt många människor utsatta för fruktansvärda och lömska experiment; människorna ansågs som råttor, kaniner eller andra vanligtvis använda djur.

För att till exempel ta reda på hur en frisk människa skulle reagera, hur länge han kunde stå emot olika givna agens, och vilka slags symtom som olika sjukdomar förde med sig transplanterade man uppsåtligen cancerceller och andra virus in i personerna. För att få den mest korrekta informationen skar man ofta upp magen eller skallen på den levande personen. För att ta reda på hur en vanlig person reagerar på extrem kyla eller hetta kunde man snabbt sänka temperaturen i ett rum, eller snabbt öka temperaturen i en vattenbehållare i vilken "subjektet" var nedsänkt.

Efter att dessa "subjekt" hade tjänat sitt syfte lämnade de ofta att dö i sin ångest. Man tänkte knappt på dessa subjekts värde eller deras ångest.

Hur fruktansvärt och grymt det måste ha varit för dessa många krigsfångar och andra maktlösa individer som blev sådana omtalade subjekt, när de såg sina egna kroppar infekteras av dödliga celler och agens, och bokstavligen se sig själva dö?

Själarna i nedre graven möter dock ännu grymmare

straffmetoder än vad något experiment som människan utfört på levande kroppar. Som män och kvinnor som har skapats i Guds avbild, men också som de som har förlorat all sin värdighet och värde blir dessa själar behandlade som avskum och avfall i nedre graven.

På samma sätt som vi inte tycker synd om sopor, tycker inte heller helvetets budbärare synd om eller har medlidande för dessa själar och straffen är aldrig tillräckliga tycker de.

Benen splittras och huden brister

Helvetets budbärare ser helt enkelt dessa själar som leksaker. De kan blåsa upp en själs kropp och sparka runt kroppen mellan varandra.

Det är svårt att föreställa sig denna syn: Hur kan en lång och smal kropp blåsas upp som en boll? Vad händer med organen inuti?

I det att de inre organen och lungorna blåses upp, splittras revbenen och ryggraden som beskyddar dessa organ ett efter ett, del efter del. Till detta läggs också den outhärdliga smärtan när huden sträcks ut.

Helvetets budbärare leker med dessa uppblåsta kroppar som tillhör de ofrälsta själarna i nedre graven, och när de lessnar på dem, sticker de hål på själarnas mage med vassa spjut. På det sättet sprids deras blod och hudbitar åt alla håll som en uppblåst ballong rivs sönder när man sticker hål på den.

Men kort därefter återställs dessa själars kroppar helt och hållet och blir återigen utsatta för samma straff. Hur grymt är inte detta? Medan de levde på den här jorden var dessa själar älskade av andra, njöt av någon form av social status, eller åtminstone kunde hävda sina mänskliga rättigheter.

Men när man har hamnat i nedre graven har man inte längre några rättigheter och behandlas som gruset på marken; ens existens har inget värde.

Predikaren 12:13-14 påminner oss om följande:

> *Detta är slutsatsen, när allt blivit hört: Frukta Gud och håll hans bud, det hör alla människor till. Ty Gud skall föra alla gärningar fram i domen, med allt som är fördolt, vare sig det är gott eller ont.*

I enlighet med Guds dom har dessa själar blivit degraderade till enkla leksaker som helvetes budbärare leker.

Därför måste vi vara medvetna om att om vi misslyckas med att fullföra människans uppgift, vilken är att frukta Gud och hålla alla Hans befallningar, kommer vi inte längre anses vara värdefulla själar som bär Guds egen avbild, utan istället vara subjekt för de grymmaste straffen i nedre graven.

5. Pontius Pilatus straff

Vid tidpunkten för Jesu död var Pontius Pilatus en romersk landshövding över Judéen, idag Palestina. Från den dag så han satte sin fot i nedre graven har han blivit utsatt för den tredje straffnivån, vilket innebär piskande. Vad är orsaken till att Pontius Pilatus plågas?

Trots att han visste att Jesus var rättfärdig

Eftersom Pilatus var landshövding över Judéen var hans tillåtelse nödvändig för att Jesus skulle kunna korsfästas. Som en romersk vicekung hade Pilatus ansvar för hela regionen Judéen, och han hade många agenter utspridda utöver regionen som arbetade för honom. Pilatus var därför väl medveten om de många mirakler som Jesus hade utfört, Hans kärleksbudskap, Hans helande av de sjuka, Hans predikande om Gud, och liknande i det att Jesus predikade evangeliet över hela regionen som både Han och Pilatus bodde i. Från de rapporter som hans agenter inlämnade kunde Pilatus också förstå att Jesus var en god och oskyldig man.

Eftersom Pilatus också var medveten om att judarna var desperata över att döda Jesus på grund av svartsjuka, gjorde han insatser för att befria Honom. Men eftersom Pilatus också var övertygad om att om han inte lyssnade på judarna skulle det resultera i stora sociala stridigheter i hans provins, slutade det med att han överlämnade Jesus till att korsfästas efter judarnas önskemål. Om stridigheter hade brutit ut inom hans jurisdiktion skulle tunga ansvarsområden också hotat Pilatus eget liv.

Det var Pilatus fega samvete som till slut bestämde hans destination efter döden. På det sättet som de romerska soldaterna pryglade Jesus på Pilatus kommando innan Hans korsfästelse har även Pilatus blivit fördömd till samma straff: oändlig prygling av helvetets budbärare.

Pilatus pryglas varje gång hans namn nämns

På det här sättet blev Jesus pryglad: piskan bestod av järnbitar eller ben fasthängda i slutet av ett långt läderband. Vid varje slag fläktes Jesu kropp upp och benen och metallbitarna drogs genom Hans kött. Vid varje pikslag revs köttbitar bort från såret som piskan hade åstadkommit och lämnade kvar stora gapande sår.

Närhelst människor i den här världen säger hans namn pryglar helvetets budbärare Pilatus i nedre graven. Det är många kristna som under varje gudstjänst citerar den Apostoliska bekännelsen. Närhelst delen "pinad under Pontius Pilatus" citeras, piskas han. När hundratals och tusentals människor nämner hans namn på samma gång utökas styrkan i piskrappen drastiskt. Ibland samlas andra budbärare från helvetet runt Pilatus för att hjälpa till i pryglandet av honom.

Trots att Pilatus kropp har slitits sönder och är övertäckt av blod fortsätter helvetets budbärare att prygla honom som om de tävlade mot varandra. Pryglandet sliter upp Pilatus kött, exponerar hans ben, och gräver upp hans ryggrad.

Hans tunga är borttagen för alltid

Medan Pilatus torteras ropar han konstant ut, "Snälla, nämn inte mitt namn! Varje gång det nämns lider jag enormt." Men inte ett ljud hörs från hans mun. Hans tunga har skurits av eftersom han med samma tunga dömde Jesus till korsfästelse.

När man har smärta hjälper det i alla fall lite att skrika och gråta. Men för Pilatus finns inte denna möjlighet.

Det finns något som annorlunda i Pilatus situation. För andra fördömda själar i nedre graven blir deras kroppar återställda efter att deras kroppar har sönderskrapats, skurits sönder, eller bränts. Men Pilatus tunga har skurits bort för alltid som ett tecken på en förbannelse. Trots att Pilatus bönar och ber att människor inte skall uttala hans namn kommer det att genljuda tills domens dag. Ju mer hans namn nämns, desto värre blir hans lidanden.

Pilatus begick en medveten synd

När Pilatus lämnade över Jesus till att korsfästas tvättade han sina händer framför folkmassan, och sade sedan till folket, *"Jag är oskyldig till denne mans blod. Ni får själva svara för det"* (Matteus 27:24). Till detta gensvarade judarna, nu ännu mer desperata att få Jesus dödad, *"Hans blod må komma över oss och över våra barn"* (Matteus 27:25).

Vad hände med judarna efter att Jesus korsfästs?

De blev massakrerade när staden Jerusalem intogs och förstördes av den romerska generalen Titus år 70 f. Kr. Sedan dess har de varit utspridda över hela världen och förtryckta i länder som inte varit deras. Under andra världskriget tvingades de flytta till ett antal koncentrationsläger i Europa där över sex miljoner judar gasades till döds i gaskamrarna eller på annat sätt blev brutalt massakrerade. Under de fem första årtiondena av dess moderna stat, sedan självständighetsförklaringen 1948, har staten Israel konstant varit utsatt för hot, hat, och väpnat motstånd från sina grannar i Mellanöstern.

Trots att judarna har fått konsekvenserna på deras uttalande "Hans blod må komma över oss och över våra barn" betyder inte detta att Pilatus straff på något sätt reducerats. Pilatus begick en medveten synd. Han hade mängder med möjligheter att inte begå synden, men han gjorde det i alla fall. Till och med hans fru, som hade varnats i en dröm, nödgade Pilatus att inte döda Jesus, men trots det dömde Pilatus Jesus till korsfästelse. Det resulterade i att han tvingades att ta emot den tredje straffnivån i nedre graven.

Till och med idag begår människor brott trots att de vet att det är brottsligt. De exponerar andra människors hemligheter för sina egna fördelar. I nedre graven utmäts den tredje straffnivån för de som har sammansvurit sig mot andra, vittnat falskt, förtalat, format gäng eller organisationer för att mörda eller tortera, handlat fegt, förrått andra i tider av fara eller smärta, och annat liknande.

Gud kommer ifrågasätta varje handling

Precis som Pilatus överlät Jesu blod i judarnas händer genom att tvätta sina egna, kommer somliga människor skylla på andra för en viss situation eller händelse. Men ansvaret för människors synder vilar i deras egna händer. Varje individ har en fri vilja, och man har inte bara rätt att fatta egna beslut utan måste också hållas ansvarig för sina beslut. Fri vilja tillåter oss att välja mellan två val, antingen att tro eller inte tro på Jesus som vår personlige Frälsare, antingen helga sabbaten eller inte, antingen offra hela tiondet till Gud eller inte, och annat liknande. Men konsekvenserna av våra val uppenbaras genom antingen evig lycka i himlen eller evigt straff i helvetet.

Konsekvensen av varje beslut du någonsin har fattat är din egen att bära, så du kan inte skylla ifrån dig på någon. Det är därför man inte kan säga sådant som "Jag lämnade Gud på grund av förföljelse från mina föräldrar" eller "Jag kunde inte helga sabbaten eller ge hela mitt tionde till Gud på grund av min make/maka." Om någon hade tro skulle individen säkerligen fruktat Gud och hållit alla Hans befallningar.

Pilatus, vars tunga blivit avskuren på grund av hans fega ord, har beklagat sig och varit ångerfull under det konstanta pryglandet i nedre graven. Efter döden finns det dock ingen andra chans för Pilatus.

Men alla som lever har fortfarande en chans. Du borde aldrig tveka att frukta Gud och hålla Hans befallningar. Jesaja 55:6-7 säger oss, *"Sök HERREN medan han låter sig finnas, åkalla honom medan han är nära. Den ogudaktige må överge sin väg, den orättfärdige sina tankar och vända om till HERREN, så skall han förbarma sig över honom, och till vår Gud, ty han skall ge mycken förlåtelse."* Eftersom Gud är kärlek tillåter Han oss att få veta vad som händer i helvetet medan vi fortfarande lever. Han gör så för att väcka många människor från deras andliga slummer, och för att ge kraft och uppmuntran till oss att sprida de goda nyheterna till ännu fler människor så att de också kan få leva i Hans nåd och barmhärtighet.

6. Sauls, den förste kungen i Israels, straff

Jeremia 29:11 säger oss att, *"Jag vet vilka tankar jag har för er, säger HERREN, nämligen fridens tankar och inte ofärdens för att ge er en framtid och ett hopp."* Ordet gavs till judarna när de var i exil i Babylon. Versen profeterar om Guds förlåtelse och barmhärtighet som skall bli given till Hans folk i det att de befinner i exil på grund av deras synd mot deras Gud.

Av samma orsak proklamerar Gud budskapet om helvetet. Han gör inte så för att förbanna icke-troende och syndare, utan för att återlösa alla dem som är tyngda av bördor som slavar åt fienden Satan och djävulen, och se till att människor som är skapade till Hans avbild inte hamnar på denna fruktansvärda plats.

Istället för att frukta de hemska situationerna i helvetet behöver vi bara förstå Guds omätbara kärlek och, om du är en icke-troende, acceptera Jesus Kristus som din personlige Frälsare från och med nu och vidare. Om du inte har levt efter Guds ord och bekänt din tro på Honom, vänd då om, och gör vad Han säger åt dig att göra.

Saul förblev olydig mot Gud

När Saul tillträdde tronen var han verkligen ödmjuk. Men snart blev han så arrogant att han inte lydde Guds ord. Han hamnade på onda vägar som gjorde att han blev övergiven och till slut vände Gud bort sitt ansikte från honom. När man syndar mot Gud måste man ändra sitt sinnelag och omvända sig utan tvekan. Man ska inte försöka ursäkta sig själv eller dölja sin synd.

Bara då kommer Gud ta emot dina böner om omvändelse och öppna vägen till förlåtelse.

När Saul förstod att Gud hade smort David till att ta hans plats bestämde han sig för att under resten av sitt liv hämnas på sin efterföljare genom att döda honom. Saul dödade till och med Guds präster för att de hjälpte David (1 Samuelsboken 22:18). Sådana gärningar är det samma som att konfrontera Gud, ansikte mot ansikte.

På det här sättet förblev kung Saul olydig och samlade sina onda gärningar på hög men Gud förgjorde inte Saul omedelbart. Trots att Saul under lång tid var ute efter David, fast beslutsam om att döda honom, lät Gud honom leva.

Det tjänade två syften. För det första planerade Gud att forma David till ett stort redskap och till kung. För det andra gav Gud Saul tillräckligt med tid för att omvända sig från sina onda gärningar.

Om Gud hade dödat oss när vi begick en synd som var tillräckligt allvarlig för att bli dödad för, skulle ingen av oss ha överlevt. Gud kommer förlåta, vänta, och vänta, men om man inte vänder åter till Honom kommer Han att se åt ett annat håll. Men Saul kunde inte förstå Guds hjärta och fortsatte köttets väg. Mot slutet blev Saul allvarligt skadad av bågskyttar och dödade sedan sig själv med sitt eget svärd (1 Samuelsboken 31:3-4).

Sauls kropp hänger i luften

Vilket straff fick den arroganta Saul? Ett vass spjut

genomborrar hans buk när han hänger i luften. Eggen från spjutet har försetts med objekt som liknar vassa borrar och kanten på svärd.

Det är enormt smärtsamt att bli upphängd i luften på detta sätt. Det är till och med ytterst plågsamt att hängas i luften medan ett spjut genomborrar ens buk och kroppsvikten får smärtan att bli ännu större. När huden slits isär blir muskler, ben och inälvor exponerade.

Ibland när helvetets budbärare kommer nära Saul och vrider på spjutet river alla vassa bitar och borrar påsatta på spjutet upp kroppen. Denna vridning av spjutet punkterar Sauls lungor, hjärta, mage och inälvor.

En kort stund efter att Saul fått uthärda denna fruktansvärda tortyr och hans inälvor har slitits i bitar blir hans inre organ fullständigt återställda. När de är fullständigt återställda kommer helvetets budbärare fram till Saul och upprepar proceduren. Varje gång han lider tänker Saul på alla de gånger som han hade möjlighet att omvända sig och som han ändå ignorerade.

Varför var jag olydig mot Guds vilja?
Varför stred jag mot Honom?
Jag skulle ha lyssnat på profeten Samuels förmaning!
Jag skulle ha omvänt mig
när min son Jonatan nödgade mig under tårar!
Om jag bara inte hade varit så ond mot David,
skulle kanske mitt straff varit lindrigare...

Det är meningslöst för Saul att vara ångerfull eller omvända sig efter att han hamnat i helvetet. Det är outhärdligt att hängas i luften med ett spjut som genomborrar hans buk, men när helvetets budbärare kommer till Saul för ytterligare en tortyromgång blir Saul överväldigad av fruktan. Smärtan från en liten stund sedan är fortfarande så verklig och levande för honom, och han känner sig kvävd inför det faktum att han kommer få uppleva det än en gång.

Kanske Saul tigger, "Snälla, lämna mig i fred!" eller "Snälla, stoppa tortyren!" men det är meningslöst. Ju räddare Saul blir desto gladare blir helvetets budbärare. Han vrider och vrider på spjutet, och ångesten över att få sin kropp söndersliten upprepas gång på gång för Saul.

Arrogans är förgörelsens spjuthuvud

Följande fall är vanligt i vilken kyrka som helst idag. I början tar en ny troende emot och blir fylld av den Helige Ande. Han blir ivrig i att tjäna Gud och Hans tjänare under ett tag. Men den troende kommer börja vara olydig mot Guds vilja, Hans församling och Hans tjänare. Om det fortsätter kommer han börja döma och fördöma andra med Guds ord som han har hört. Det är mycket troligt att han kommer bli mycket arrogant.

Den första kärleken han hade till Herren har gradvis förminskats över tid, och hans hopp – en gång satt till himlen – är nu för det som hör denna världen till – sådant som han en gång övergav. Till och med i kyrkan kommer han nu vilja bli betjänad av andra, blir mer och mer girig på pengar och makt, och ger sig hän till köttets begär.

När han var fattig kanske han bad, "Gud, välsigna mig med materiell lycka!" Vad händer när han faktiskt får den välsignelsen? Istället för att använda välsignelsen för att hjälpa de fattiga, missionärerna, och Guds verk, slösar han nu bort Guds välsignelser på världens nöjen.

På grund av detta klagar den Helige Ande inom den troende; vars ande får möta många prövningar och svårigheter; och straffet kan vara på väg. Om han fortsätter att synda kommer hans samvete bli avtrubbat. Han kanske inte längre kan urskilja Guds vilja från sitt hjärtas girighet, och eftersträvar därför ofta det sistnämnda.

Ibland kanske han blir avundsjuk på Guds tjänare som blir så beundrade och älskade av sina församlingsmedlemmar. Han kanske sprider falska anklagelser mot dem och går emot deras tjänst. För sina egna fördelar skapar han stridigheter inom församlingen, och förstör därmed församlingen i vilken Kristus bor.

En sådan person kommer att fortsätta att konfrontera Gud och bli ett redskap för fienden Satan och djävulen, och till slut efterlikna Saul.

Gud står emot de högmodiga men de ödmjuka ger Han nåd

1 Petrusbrevet 5:5 säger att *"Likaså ni yngre, underordna er de äldre. Och ni alla, klä er i ödmjukhet mot varandra. Ty Gud står emot de högmodiga, men de ödmjuka ger han nåd."* De högmodiga dömer budskapet som predikas från talarstolen när de hör det. De accepterar det som stämmer med deras egna

tankar, men står emot det som man inte håller med om. De flesta mänskliga tankarna är inte som Guds tankar. Man kan inte säga att man tror på och älskar Gud om man bara accepterar det som matchar ens egna tankar.

1 Johannes 2:15 säger oss, *"Älska inte världen, inte heller det som är i världen. Om någon älskar världen, finns inte Faderns kärlek i honom."* Om Faderns kärlek inte är med den individen, kan han eller hon inte ha någon gemenskap med Gud. Om du därför hävdar att du har gemenskap med Honom men fortfarande vandrar i mörkret, ljuger du och lever inte efter sanningen (1 Johannes brev 1:6).

Du behöver alltid vara försiktig och hela tiden undersöka dig själv för att se om du kanske har blivit arrogant, om du hellre vill bli betjänad än att tjäna andra, och om kärleken till den här världen har krupit sig in i ditt hjärta.

7. Den fjärde straffnivån för Judas Iskariot

Vi har sett att den första, andra, och tredje straffnivån i nedre graven är så fruktansvärda och grymma, långt bortom vår föreställningsförmåga. Vi har även tittat på de olika orsakerna till att dessa själar får ta emot sådana hemska straff.

Från och med nu ska vi titta på de allra mest skrämmande straffen av dem alla i nedre graven. Vilka är exemplen på den fjärde straffnivån och vilken slags ondska har dessa själar begått för att förtjäna dem?

Begå en oförlåtlig synd

Bibeln talar om för oss att för somliga synder kan man bli förlåten genom omvändelse, medan det finns andra sorters synder för vilka man inte kan bli förlåten, den sorts synd som leder till döden (Matteus 12:31-32, Hebreerbrevet 6:4-6; 1 Johannes brev 5:16). Människor som har hädat den Helige Ande begår medvetet sin synd trots att de känner sanningen och liknande synder hör till denna kategori av synd, och de kommer att hamna i den djupaste delen av nedre graven.

Vi ser till exempel ofta människor som har blivit helade eller som har fått deras problem lösta genom Guds nåd. Först verkar de entusiastiska över att arbeta för Gud och Hans församling. Men ibland ser vi dem bli frestade av världen och vänder så småningom sin rygg till Gud.

De hänger sig till nöjena i den här världen igen, men nu mycket mer än tidigare. De utsätter församlingarna för skam och förolämpar andra kristna och Guds tjänare. Det är ofta dem som offentligt deklarerar sin tro på Gud som är de första att döma och kategorisera församlingar eller pastorer som "villolärare" baserat på deras egna perspektiv och tänkande. När de ser en församling fylld av den Helige Andes kraft och Guds mirakler genom Hans tjänare, är de snabba att döma hela församlingen som "villolärare" eller anse att den Helige Andes gärningar kommer från Satan.

De har förnekat Gud och kan inte ta emot en ande av omvändelse. Med andra ord kan sådana människor inte omvända sig från sina synder. Efter döden kommer dessa "kristna" att få tyngre straff ä de som inte trodde på Jesus Kristus som sin personlige Frälsare och hamnade i nedre graven.

2 Petrusbrevet 2:20-21 säger oss *"Ty när de har lärt känna vår Herre och Frälsare Jesus Kristus och undkommit världens smitta, men sedan åter blir snärjda och besegrade av den, då har det sista blivit värre för dem än det första. Det hade varit bättre om de aldrig hade lärt känna rättfärdighetens väg, än att lära känna den och vända sig bort från det heliga budskap som överlämnats till dem."* Dessa människor var olydiga mot Guds ord och utmanade Honom trots att de kände till Guds ord och för detta får de ett betydligt strängare straff än de som inte trodde.

Människor vars samveten är brännmärkta

Själar som får den fjärde straffnivån har inte bara begått oförlåtliga synder, utan har även sina samveten brännmärkta. En del av dessa människor har helt och hållet blivit slavar till fienden Satan och djävulen, som konfronterade Gud och hänsynslöst stod emot den Helige Ande. Det är som om de korsfäste Jesus själva.

Jesus vår Frälsare blev korsfäst för att förlåta våra synder och befria människan från förbannelsen av evig död. Hans dyrbara blod återlöste alla dem som tror på Honom, men förbannelsen över som människorna tar emot den fjärde straffnivån gör att de inte kan ta emot frälsning ens genom Jesu Kristi blod. De har därför blivit dömda till att korsfästas på deras egna kors och ta emot sina egna straff i nedre graven.

Judas Iskariot som var en av Jesu tolv lärjungar och som kanske är den mest välkände förrädaren i hela mänsklighetens historia är ett utmärkt exempel. Med sina egna ögon såg Judas Guds Son i köttet. Han blev en av Jesu lärjungar, lärde sig Ordet, och blev vittne till mirakulösa gärningar och tecken. Ändå kunde Judas aldrig göra sig av med sin girighet och synd. Till slut blev Judas intagen av Satan och sålde sin mästare för trettio silverpenningar.

Oavsett hur mycket Judas Iskariot ville omvända sig

Vem tycker du är den mest skyldige: Pontius Pilatus som dömde Jesus till att korsfästas, eller Judas Iskariot som sålde Jesus till judarna? Jesu svar på en av Pilatus frågor ger oss ett tydligt svar:

> *"Du skulle inte ha någon makt över mig, om du inte hade fått den ovanifrån. Därför har den som utlämnat mig åt dig större skuld"* (Johannes 19:11).

Synden som Judas begick var i sanning en större synd, en från vilken han inte kan bli förlåten för och som för vilken han inte ges en ande av omvändelse. När Judas insåg sin synds enorma konsekvens ångrade han sig och lämnade tillbaka pengarna, men han fick aldrig en ande av omvändelse.

Oförmögen att klara av syndabördan tog Judas Iskariot till sist sitt eget liv. Apostlagärningarna 1:18 säger oss att Judas *"Och han föll framstupa, så att buken brast och alla hans inälvor rann ut"* vilket beskriver hans eländiga slut.

Judas hängd på ett kors

Vilket straff får Judas i nedre graven? I den djupaste delen av nedre graven hänger Judas på ett kors i förgrunden. Med Judas och hans kors i förgrunden kommer sedan korsen till de människor som allvarligt konfronterade Gud. Scenen liknar en massgrav eller en kyrkogård efter ett fullskaligt krig eller ett slakthus fyllt av död boskap.

Korsfästelse är ett av de grymmaste straffen till och med i den här världen. Användandet av korsfästelse tjänar både som ett exempel såväl som en varning till alla brottslingar och blivande brottslingar om deras möjliga framtid. Att hänga på ett kors ett antal timmar är mer ångestframkallande än döden själv. Kroppsdelar slits itu, insekter gnager på kroppen, och allt blodet tränger ut genom kroppen och personen får en alltstörre längtan efter att få ta sitt sista andetag så snart som möjligt.

I den här världen pågår denna korsfästelsesmärta i ungefär en halv dag. Men i nedre graven där det inte finns något slut på tortyren och naturligtvis ingen död, kommer tragedin i korsfästelsen fortsätta ända tills domens dag.

Judas bär också en törnekrona, som hela tiden växer och skär in i hans hud, penetrerar skallbenet, och genomborrar hjärnan. Nedanför hans fötter finns också något som ser ut som djur i plågor. Vid närmare titt ser man att det är andra själar som har hamnat i nedre graven och som till och med plågar Judas. I den här världen konfronterade de också Gud och gjort mycket ont, till den grad att deras samveten förhärdades. De får också ta emot hårda straff och tortyrer, och ju värre tortyr de får, desto våldsammare blir de. De låter sin ilska gå ut över Judas som de hela tiden spetsar med spjut.

Då hånar helvetets budbärare Judas och säger, "Denne är han som sålde Messias! Han har gjort mycket gott för oss! Bra gjort! Så löjlig han är!

Än större mental tortyr för att han sålde Guds Son

I nedre graven måste Judas Iskariot inte bara utstå fysisk tortyr men också en outhärdlig del psykisk tortyr. Han kommer alltid att komma ihåg att han blev förbannad för att han sålde Guds Son. Hans namn "Judas Iskariot" har också blivit synonymt med att vara en förrädare i den här världen, vilket gör att hans psykiska tortyr ökar.

Jesus visste i förväg att Judas skulle förråda Honom och vad som skulle ske med Judas efter döden. Det är därför som Jesus försökte vinna tillbaka Judas med ordet, men Han visste också att Judas inte skulle kunna bli vunnen tillbaka. Därför finner vi Jesu klagan i Markus 14:21, *"Ty Människosonen går bort, så som det står skrivet om honom. Men ve den människa som förråder Människosonen! Det hade varit bättre för den människan om hon aldrig hade blivit född."*

Med andra ord, om en individ tar emot den första straffnivån vilken är det lindrigaste straffet, skulle det då vara bättre för den personen att inte alls ha blivit fött eftersom smärtan är så enorm och påfrestande. Hur var det med Judas? Han fick det tyngsta straffet av dem alla!

För att inte hamna i helvetet

Vem fruktar så alltså Gud och håller Hans befallningar? Det är den som alltid helgar sabbaten och ger hela sitt tionde till Gud – de två fundamentala elementen i det kristna livet.

Att man helgar sabbaten symboliserar att man erkänner Guds suveränitet i den andliga världen. Att helga sabbaten är också ett tecken på och särskiljer dig som ett av Guds barn. Om du inte helgar sabbaten spelar det ingen roll hur mycket du bekänner din tro på Gud Fadern, det finns inget andligt kvitto på att du är ett Guds barn. I sådana fall finns det inga andra val än att hamna i helvetet.

Att ge hela tiondet till Gud betyder att du erkänner Guds suveränitet över ägodelar. Det betyder också att du erkänner och förstår Gud som ende ägaren över hela universum. I Malaki 3:9 blev israeliterna förbannade för att de stal från Gud. Han skapade hela universum och gav livet till dig. Han ger oss solljus och regnet som faller för att vi skulle kunna leva, energi till att arbeta, och beskydd över varje dag. Gud äger allt du har. Trots att hela vår inkomst tillhör Gud tillåter Han oss endast ge en tiondel av allt vi tjänar och använda resten efter hur vi själva vill. HERREN Sebaot säger i Malaki 3:10 *"För in allt tionde i förrådshuset, så att det finns mat i mitt hus. Pröva mig nu i detta, säger HERREN Sebaot, om jag inte kommer att öppna för er himlens fönster och låta välsignelse strömma ut över er i rikt mått."* Så länge vi förblir trofasta till Honom när det gäller tiondet, kommer Gud efter sitt löfte att öppna himlens fönster och utgjuta så mycket välsignelser att vi inte kommer ha plats för den. Men om du inte ger tiondet till Gud betyder det att du inte tror på Hans löften om välsignelse, saknar tron för att bli frälst, och eftersom du har rånat från Gud har du ingen annan plats att vara på än i helvetet.

Därför måste vi alltid helga sabbaten, ge hela tiondet till Honom som äger allt och hålla alla Hans befallningar som är nedskrivna i den sextiosex böckerna i Bibeln. Jag ber om att ingen läsare av denna bok ska hamna i helvetet.

I det här kapitlet har vi talat om olika straff – indelade i fyra nivåer – som drabbar den fördömda själen som hamnat i nedre graven. Så hemsk och fruktansvärd denna plats är!

2 Petrusbrevet 2:9-10 säger oss att, *"Herren vet alltså att frälsa de gudfruktiga ur frestelsen och att hålla de orättfärdiga i förvar och straffa dem fram till domens dag, särskilt dem som i orent begär följer sin köttsliga natur och föraktar Herren. Fräcka och självsäkra skyggar de inte för att smäda höga makter."*

Onda människor som begår synder och gör onda gärningar, och går emellan eller avbryter Guds verk i församlingen fruktar inte Gud. De konfronterar Gud med buller och bång och kan inte och borde inte söka efter hjälp från Gud eller ens förvänta sig det i tider av svårigheter och prövningar. Ända tills domen vid den stora vita tronen är över kommer de vara hänvisade till nedre gravens djup och få straff efter graden av deras onda gärningar.

De som lever goda, rättfärdiga och överlåtna liv är alltid lydiga Gud i tro. Så var det också när människans ondska uppfyllde jorden och Gud var tvungen att öppna himlens fönster med syndafloden, att endast Noa och hans familj blev räddade (1 Mosebok 6-8).

På det sätt som Noa fruktade Gud och lydde Hans befallningar och därför undkom domen och fick frälsning, måste vi också vara lydiga i allt vi gör så att vi kan bli Guds sanna barn och uppnå Hans omsorg.

Kapitel 6

Straff för hädelse mot den Helige Ande

1. Lida i en gryta med kokande vätska
2. Klättra uppför en vertikal klippa
3. Brännmärkt i munnen med ett upphettat järn
4. Oerhört stora tortyrmaskiner
5. Fastbunden vid en trädstam

*"Den som säger något
mot Människosonen skall få förlåtelse.
Men den som hädar den helige
Ande skall inte få förlåtelse."*
- Lukas 12:10 -

*"Ty de som en gång tagit emot ljuset och smakat
den himmelska gåvan, fått del av den helige
Ande och smakat det goda Gudsordet och
den kommande världens krafter men sedan avfallit,
dem är det omöjligt att föra till ny omvändelse,
eftersom de själva på nytt korsfäster Guds Son
och öppet hånar honom."*
- Hebreerbrevet 6:4-6 -

Straff för hädelse mot den Helige Ande

I Matteus 12:31-32, säger Jesus till oss *"Därför säger jag er: All synd och hädelse skall människorna få förlåtelse för, men hädelse mot Anden skall inte förlåtas. Den som säger något mot Människosonen skall få förlåtelse. Men den som talar mot den helige Ande skall inte få förlåtelse vare sig i den här tidsåldern eller i den kommande."*

Jesus talade ut dessa ord mot judarna som hade förebrått Honom för att ha predikat evangelium och utfört mirakler genom Guds kraft, med orden att Han var under onda andars inflytande eller att Han gjorde miraklerna genom fienden Satan och djävulens kraft.

Till och med idag finns det många människor som bekänner sin tro på Kristus som fördömer församlingar som är fyllda av kraftgärningar och den Helige Andes underverk och kategoriserar dem som "villolärare" eller "djävulens verk" helt enkelt för att de inte kan förstå eller acceptera det. Men hur annars kan Guds rike utvidgas och evangeliet spridas över hela världen utan kraften och auktoriteten som kommer från Gud, den Helige Andes gärningar?

Att stå emot den Helige Andes verk är på intet sätt annorlunda än att stå emot Gud själv. Gud kommer inte att erkänna dem som står emot den Helige Andes verk som sina barn, oavsett hur mycket de anser sig vara "kristna."

Kom därför ihåg att om man efter att ha sett och upplevt Guds inneboende kraft i Hans tjänare och underbara och mirakulösa tecken och händelser har ägt rum, om man då fortfarande fördömer Guds tjänare och Hans församling som "villolärare", har man på ett allvarligt sätt motstått och hädat den Helige Ande och den enda plats tillgänglig för en sådan person är helvetets djup.

Om en församling, en pastor, eller någon annan Guds tjänare verkligen erkänner den Treenige Guden, tror på Bibeln som Guds ord och undervisar om den som sådan, är medveten om livet som följer antingen i himlen eller i helvetet och domen, tror att Gud har suveränitet över allt och Jesus är vår Frälsare och undervisar människor så, borde ingen och kan ingen, fördöma och kategorisera en sådan församling, pastor och Guds tjänare som "villolärare."

Jag grundade Manmin Centralkyrkan 1982 och har lett ett oräkneligt antal själar till vägen till frälsning genom den Helige Andes gärningar. Förundransvärt nog har det bland människor som själva personligen upplevt den levande Gudens verk funnits dem som faktiskt konfronterat Gud genom att aktivt motarbeta församlingens mål och arbete, och spridit rykten och lögner om mig och församlingen.

Medan Gud förklarade allt det hemska och ångesten som råder i helvetets djup, uppenbarade Han också för mig straffen som väntar i nedre graven för dem som motarbetet, varit olydiga, och som hädat mot den Helige Ande. Vilka straff får de?

1. Lida i en gryta med kokande vätska

Jag ångrar och förbannar de äktenskapslöftena
jag gav till min make.
Varför är jag på denna hemska plats?
Han vilseledde mig och på grund av honom är jag här!

Detta är en klagosång från en hustru som får den fjärde straffnivån i nedre graven. Orsaken till att hennes ångest ekar genom mörkret och den asklikande rymden är för att hennes make övertalade henne att konfrontera Gud tillsammans med honom.

Hustrun var ond men i hennes hjärta hade hon till en viss grad fruktat Gud. Därför kunde inte kvinnan hindra den Helige Ande och förakta Gud på egen hand. Men i det att hon följde sina köttsliga lustar blev hennes sinne influerat av hennes makes onda samvete, och paret var mycket emot Gud och Hans gärningar.

Paret som gjorde ondska tillsammans blir nu straffade tillsammans som par till och med i nedre graven, och kommer att lida för alla deras onda gärningar. Vad kommer då deras straff att vara i nedre graven?

Ett par plågas en i taget

Grytan är fylld med fruktansvärd stank och fördömda själar sänks ner i den stormkokande flytande vätskan, en i taget. När en budbärare från helvetet sänker ner en själ i grytan orsakar vätskans temperatur att blåsor slår ut på hela kroppen – som nu liknar ryggen på en padda – och ögongloberna ploppar ut.

När de desperat försöker undvika denna tortyr och sticker upp sina huvuden ur grytan trampar stora fötter ner deras huvuden under ytan. På helvetets budbärares stora fötter finns små järn-eller kopparskruvar så när själarna trampas ner av dessa fötter tvingas de tillbaka ner i grytan med stora sår och märken.

Efter ett tag sticker själarna återigen ut sina huvuden eftersom de inte kan stå ut med den brännande känslan. Igen, precis som så många gånger förut, trampas de ner tillbaka i grytan. Eftersom många själar går igenom denna tortyr i turordning betyder det att om maken är i grytan måste hustrun se hur han lider och vice versa.

Denna gryta är genomskinlig så insidan av grytan är synlig för utsidan. När maken eller hustrun ser sin älskade bli torterad och plågad på ett sådan fruktansvärt sätt, ropar de om nåd utifrån sin omsorg för den andra:

> Min hustru är där inne!
> Snälla, ta ut henne därifrån!
> Snälla, låt henne få slippa detta lidande.
> Nej, nej, trampa inte på henne.
> Snälla, ta ut henne därifrån!

Efter ett tag tystnar makens enträgna bedjande. Efter att ha blivit straffad några gånger inser han att medan hans fru lider, kan han få en liten rast, och när hon kommer ut ur grytan är det hans tur att hamna i den.

Skylla på och förbanna varandra

Gifta par i den här världen kommer inte vara par i himlen. Men detta par kommer förbli som ett par i nedre graven, och ta emot straffen tillsammans. Eftersom de nu inser att de får sina straff omväxlande, börjar deras enträgna bönande drastiskt förändras till en annan ton.

> Nej, nej, ta inte ut henne därifrån.

Låt henne stanna lite längre.
Snälla, lämna henne där
Så att jag kan vila lite till.

Frun vill att hennes man ska lida jämt och mannen bönar också om att hans fru ska stanna i grytan så länge som möjligt. Men att se varandra vila ger inte den andra någon tid att vila. Korta pauser kan inte ta igen den varaktiga ångesten, speciellt eftersom mannen vet att efter hans hustru, är det hans tur. Och när en av dem plågas och ser och hör den andra bönfalla om längre plåga för dem, förbannar de varandra.

Här ser vi tydligt resultatet på köttslig kärlek. Köttslig kärleks verklighet – och helvetets verklighet – är att när en lider i outhärdlig smärta och tortyr, önskar han eller hon att det vore den andra som blev plågad för hans/hennes skull.

När frun ångrar att hon konfronterad Gud "på grund av sin man" säger hon ivrigt till sin man, "Det är på grund av dig som jag är här! Han svarar henne, med högre röst, med förbannelser och skyller på sin fru som stöttade honom och deltog i hans onda gärningar.

Ju mer ondska som paret begår...

Helvetets budbärare i nedre graven är så glada och nöjda med att denne mannen och kvinnan förbannar varandra och ber budbärarna om att deras partner ska straffas längre och mer intensivt.

Se, de förbannar varandra till och med här!
Deras ondska är så härlig att se!

Som om de tittade på en intressant film har helvetets budbärare hela sin uppmärksamhet på dem och någon gång då och då höjer de eldens temperatur för att njuta ännu mer. Ju mer mannen och kvinnan lider desto mer förbannar de varandra och naturligtvis blir helvetets budbärares skratt ännu högre.

Vi förstår en punkt tydligt här. När människor begår ondska till och med i det här livet gläder sig onda andar och njuter. På samma gång är det så att ju mer ondska man begår, desto längre bort från Gud kommer man.

När du möter svårigheter och du kompromissar med världen, klagar, eller suckar och låter bitterhet växa mot någon speciell person eller omständigheter, kommer fienden djävulen springande mot dig och utökar glatt dina svårigheter och prövningar.

Visa män som känner till andevärldens lagar klagar och suckar aldrig utan är istället under alla omständigheter tacksamma och på ett positivt sätt bekänner de sin tro på Gud, så att de ser till att deras hjärtans fokus alltid är på Honom. Vidare, om en ond, ond människa attackerar dig ska du komma ihåg vad Romarbrevet 12:21 säger till oss, *"Låt dig inte besegras av det onda utan besegra det onda med det goda."* På samma sätt måste du alltid möta det onda med det goda och överlämna hela dig till Gud.

Om du på så sätt följer det som är gott och vandrar i ljuset, kommer du att få kraft och auktoritet att övervinna de onda andarnas påverkan. Då kan fienden Satan och djävulen inte hålla dig ansvarig för att vara ond och alla dina svårigheter kommer att lämna dig snabbare. Gud är nöjd när Hans barn handlar och lever i enlighet med deras goda tro.

Inte under några omständigheter ska du tillåta ondska inifrån på det sätt som fienden Satan och djävulen vill, utan alltid tänka i sanning och handa i tro på ett sätt som behagar vår Fader Gud.

2. Klättra uppför en vertikal klippa

Oavsett om du är Guds tjänare, en äldstebroder, eller en arbetare i Hans församling, kommer du förmodligen bli ett byte för Satan om du inte omskär ditt hjärta istället för att fortsätta synda. Somliga människor vänder sig bort från Gud eftersom de älskar världen. Andra slutar att gå till kyrkan efter att de blivit frestade. Ytterligare andra konfronterar Gud genom att stå emot Hans församlings planer och uppgift, vilket lämnar dem hjälplösa på vägen till döden.

Ett fall om en familj som bedrog Gud

Följande är en berättelse om en persons familj som en gång hade arbetat trofast för Guds församling. De hade inte omskurit sina hjärtan, vilket gjorde att de var hetlevrade och giriga. Därför hade de stort inflytande över andra församlingsmedlemmar och begick synder om och om igen. Mot slutet utökades Guds straff på dem när pappan i familjen fick veta att han led av en allvarlig sjukdom. Hela familjen samlades och började offra böner med uppriktig omvändelse liksom böner för hans liv.

Gud tog emot deras böner om omvändelse och botade pappan. Vid den tiden talade Gud om något helt oväntat för mig: "Om jag kallar hem hans ande nu, kan han åtminstone ta emot en skamfull frälsning. Om jag låter honom leva lite längre kommer han inte få någon frälsning alls."

Jag förstod inte vad Han menade men några månader senare, när jag såg hur familjen uppträdde, dröjde det inte länge innan jag förstod. En i familjen hade varit en trofast arbetare i min församling. Han började motsätta sig Guds församling och Hans rike genom att vittna falskt mot församlingen och göra många andra onda gärningar också. Till slut blev hela familjen vilseledd och alla började vända sig bort från Gud.

När en tidigare arbetare i min församling motsatte sig och allvarligt hädade den Helige Ande började resten av familjen begå oförlåtliga synder, och pappan som en gång hade blivit återupplivad genom mina böner dog strax efter. Om pappan hade dött när han fortfarande hade ett litet mått tro hade han kunnat bli frälst. Men han övergav sin tro och då fanns det inte längre någon chans för honom att bli frälst. Inte bara det, hela familjen kommer också hamna i nedre graven, där pappan hamnade, och där alla andra i familjen också kommer att få sina straff. Vad kommer deras straff bli?

Klättra uppför en vertikal klippa

I det området där familjen blir straffade finns det en vertikal klippa. Denna klippa är så hög att dess topp inte syns från marken. Fruktansvärda skrik fyller luften. Ungefär halvvägs uppför denna blodiga klippa finns tre själar som straffas, som på avstånd ser ut som tre små prickar.

De klättrar uppför denna sträva och hårda klippa med sina bara händer och fötter. Deras skinn skalas snabbt av, som om deras händer och fötter skrapades med sandpapper, och de slits ut. Deras kroppar dränks i blod. Orsaken till att de klättrar uppför denna till synes omöjliga klippa är för att undvika helvetets budbärare som flyger över området.

Denne helvetets budbärare lyfter sina händer efter att en stund har tittat på dessa tre själar som klättrar uppför klippan, och sprutar små insekter som ser likadana ut som denne helvetets budbärare ut över hela området likt vattendroppar ur en spray. Dessa insekter blottar sina vassa tänder genom att öppna munnen och klättrar snabbt uppför klippan och jagar själarna.

Tänk dig att se hundratals tusenfotingar, spindlar eller kackerlackor, varenda en stor som ett finger, vara över hela golvet när du kommer hem. Tänk dig då också hur skrämmande det skulle vara om dessa skrämmande insekterna skulle rusa mot dig, alla på en gång.

Åsynen av dessa insekter är tillräcklig för att skrämma dig. Om dessa insekter börjar klättra uppför dina fötter och ben och snart är över hela din kropp, hur kan någon möjligen förklara en sådan fruktansvärd scen?

I nedre graven är det dock omöjligt att säga om det är hundratals eller tusentals insekter som dessa. Själarna vet bara att det finns ett oräkneligt antal av dessa insekter, och att det är de

Helvetet

tre som är deras byte.

Oräkneligt antal insekter rusar mot de tre själarna

När de tre själarna ser dessa insekter längst ner på klippan börjar de klättra allt snabbare. Men det dröjer inte länge innan insekterna har hunnit ifatt de tre själarna och fullständigt övertäckt dem, och de faller till marken där de blir lämnade ensamma till att få sina kroppar uppätna av dessa fruktansvärda insekter.

När dessa själars kroppsdelar blir söndergnagda blir deras smärta så stor och outhärdlig att de ropar ut som vildar och försöker hjälplöst vrida och vända sig för att få bort insekterna. De försöker skaka av sig insekterna, och gör så genom att trampa och pressa ner varandra, medan de hela tiden skriker och förbannar varandra. Mitt i denna ångest kommer bara mer ondska ut ur dem och de söker endast sina egna intressen och fortsätter att förbanna varandra. Helvetets budbärare njuter av att se detta mer än någonting annat de någonsin har sett.

När så helvetets budbärare sveper med sin hand över hela området och samlar in dessa insekter försvinner de på ett ögonblick. De tre själarna känner inte längre insekternas gnagande men de kan inte sluta klättra uppför den vertikala klippan. De är väl medvetna om hur dessa flygande budbärarna från helvetet snart kommer släppa ut insekterna igen. Med all sin kraft fortsätter de att klättra uppför klippan. I denna spöklika tystnad blir de tre själarna fyllda med förskräckande fruktan över det som ska komma och de fortsätter att kämpa sig uppför klippan.

Smärtan från såren de får när de klättrar kan inte ignoreras. Men eftersom fruktan för insekterna som gnager på deras kroppar och får dem att gå sönder är mycket större, så bortser de tre själarna från att deras kroppar smetas av blod och klättrar så fort de kan. Hur sorglig denna syn är!

3. Brännmärkt i munnen med ett upphettat järn

Ordspråksboken 18:21 säger oss att, *"Tungan har makt över död och liv, de som gärna brukar den får äta dess frukt."* Jesus sa i Matteus 12:36-37 *"Men jag säger er att för varje onyttigt ord som människor talar, skall de stå till svars på domens dag. Efter dina ord skall du frias, och efter dina ord skall du fällas."* Dessa två skriftställen säger oss att Gud kommer att hålla oss ansvariga för våra ord och döma oss efter dem.

Den som å ena sidan talar sanningens goda ord bär god frukt i enlighet med deras ord. Den som å andra sidan uttalar onda ord utan tro bär ond frukt i enlighet med de onda orden som uttalades genom deras onda läppar. Ibland ser vi hur oaktsamma ord talas ut och kan leda till en outhärdlig och fruktansvärd smärta och ångest.

Varje ord kommer att betalas tillbaka

Somliga troende som kanske upplever förföljelser från sina

familjer säger eller ber, "Om min familj kan omvända sig på grund av en olycka skulle det vara värt det." Så snart fienden Satan och djävulen hör dessa ord, anklagar de personen inför Gud och säger, "Denna persons ord borde bli uppfyllda." På så sätt blir dessa ord säd, och olyckan, i vilken människor kanske blir invalida och får möta fler svårigheter, sker.

Finns det ett behov att dra olycka över dig själv med sådana dåraktiga och onödiga ord? Tråkigt nog börjar många människor vackla när svårigheter drar in över deras liv som mörka moln. Andra förstår inte ens att svårigheterna har kommit på grund av deras egna ord, och ytterligare andra kommer inte ens ihåg att de har uttalat sådana katastrofer.

Därför behöver vi komma ihåg att varje ord kommer att betalas tillbaka till en, och därför se till att vi alltid uppför oss på det bästa sättet och har en återhållsam tunga. Oavsett varför man sa det man sa, om man talar något annat än gott och vackert, kan Satan lätt – och kommer sannerligen – hålla dig ansvarig för dina ord och du själv kommer bli utsatt för ångestladdade och ibland onödiga problem.

Vad kan hända med någon som medvetet ljuger om Guds församling och Hans älskade tjänare, och på så sätt storligen motsätter sig församlingens uppdrag och konfronterar Gud? Han eller hon kommer snabbt ledas in under Satans påverkan och straffas i helvetet.

Följande är ett bara ett exempel på de straff som utmäts på dem som har motstått den Helige Ande med sina ord.

Människor som stått emot den Helige Ande med ord

Det var en person som länge hade varit med och tjänat i min församling, och innehaft många olika positioner. Men han omskar inte sitt hjärta, vilket är det absolut viktigaste man kan göra som kristen. På utsidan verkade han på alla sätt och vis vara en trofast arbetare som älskade Gud, församlingen, och sina församlingssyskon.

I hans familj fanns någon som hade blivit helad från en obotlig sjukdom som ha lett till varaktigt handikappad och en annan som hade räddats till livets på dödens tröskel. Förutom dessa erfarenheter hade hans familj fått vara med om så mycket välsignelser från Gud, men han hade aldrig omskurit sitt hjärta eller gjort sig av med ondska.

När församlingen som helhet mötte svåra omständigheter blev hans familj frestad av Satan att överge den. Utan att komma ihåg den nåd och välsignelserna han hade tagit emot genom församlingen lämnade han församlingen som han så länge hade tjänat. Han började också gå emot församlingen och snart, som om han var på evangelisationsuppdrag, började han själv besöka församlingsmedlemmar och försökte påverka deras tro.

Trots att han hade lämnat församlingen på grund av osäkerhet i hans tro, kunde han fått möjlighet att ta emot Guds medömkan i slutet, om han bara hade hållit tyst om sådan som han inte kände till och försökt urskilja rätt från fel.

Men han kunde inte övervinna sin egen ondska och syndade så mycket med sin tunga att nu återstår bara en gastkramande vedergällning för honom.

Munnen brännmärkt och kroppen förvriden

En helvetets budbärare brännmärker hans mun med ett upphettat järn eftersom han själv allvarligt hade motstått den Helige Andre med ord som kom ut ur hans mun. Hans straff liknar Pontius Pilatus, som dömde den oskyldige Jesus till korsfästelse med ord som utgick ut hans mun, och nu har hans tunga permanent tagits bort i nedre graven.

Själen tvingas också gå in i en glastub som har pluggar i varje ände där metallhandtag finns placerade. När helvetets budbärare vrider på dessa handtag vrids den fångade själens kropp. Hans kropp vrids mer och mer och som smutsigt vatten pressas ur en skurmopp, pressas själens blod ut genom hans ögon, näsa, mun och alla andra hålrum i hans kropp. Till slut har allt hans blod och kroppsvätskor pressats ur hans celler.

Kan du tänka dig vilken styrka som krävs för att kunna pressa ut en droppe blod ur ditt finger?

Själens blod och kroppsvätskor pressas inte bara ut från en del av hans kropp utan ur hela hans kropp, från topp till tå. Alla hans ben och muskler vrids och splittras och alla hans celler löses upp i beståndsdelar, så att till och med den sista droppen av vätska från kroppen kan pressas ut. Hur smärtsamt detta måste vara!

Glastuben fylls till slut med blod och kroppsvätskor från hans kropp så att det ser ut som en flaska rött vin på avstånd. Efter att helvetets budbärare har vridit och vridit på själens kropp tills den sista droppen pressats ut från kroppen, låter de kroppen vara ifred en stund för att låta den återställas.

Men trots att hans kropp återställs, vilket hopp har själen? Från den stund då kroppen är återställd påbörjas vridandet och pressandet på kroppen återigen, utan att ta slut. Den korta stunden mellan hans tortyr är med andra ord bara en förlängning av tortyren.

För att ha hindrat Guds rike med sin tunga har denna själs läppar blivit brännmärkta och som belöning för att han aktivt har hjälpt till med Satans verk blir varje liten droppe vätska i hans kropp utpressad.

I den andliga världen får en människa skörda vad han har sått, och vad helst han har gjort kommer att göras mot honom. Jag ber om att du ska komma ihåg detta faktum, och inte ge efter för ondska utan endast med goda ord och gärningar leva ett liv som förhärligar Gud.

4. Oerhört stora tortyrmaskiner

En annan själ har personligen upplevt den Helige Andes gärningar när han blev helad från sin sjukdom och svaghet. Efter det bad han helhjärtat för att kunna omskära sitt hjärta. Han levde sitt liv ledd av den Helige Ande och bar frukt, han blev prisad och älskad av församlingsmedlemmarna och blev en predikant.

Fångad i sin egen stolthet

När han blev prisad och älskad av de runt omkring honom blev han allt mer arrogant så att han inte längre kunde tänka rätt om sig själv och slutade omedvetet att omskära sitt hjärta. Han hade alltid varit en man med hett temperament och svartsjuka, och istället för att göra sig av med detta började han döma och fördöma alla som gjorde rätt, och han blev missnöjd med dem som inte behagade honom eller höll med honom.

När en människa blir fångad i sin egen stolthet och gör det som är ont, kommer ännu mer ondska ut ur honom och han kan inte längre stå emot sig själv eller klarar av att följa någons råd. Denna själ samlade ondska på ondska, blev fångad i Satans snara, och började öppet stå emot Gud.

Frälsningen är inte fullständig när vi tar emot den Helige Ande. Även om du blir fylld med den Helige Ande, upplever nåd, och tjänar Gud, är du som en maratonlöpare som fortfarande har en lång väg kvar till mållinjen – reningen. Oavsett hur bra löparen springer hjälper det honom inte om han avbryter loppet eller svimmar. Många människor springer mot mållinjen – himlen. Oavsett hur fort du måste springa till en viss punkt, oavsett hur nära du kan ha kommit mållinjen, om du avbryter loppet då är det slutet på ditt lopp.

Anta inte att du står stadigt

Gud säger också till oss att om vi är "ljumna" kommer vi bli övergivna (Uppenbarelseboken 3:16). Även om du är en man/kvinna av tro, måste du alltid vara fylld med den Helige Ande; bevara passionen för Gud; och enträget tränga in i himlen. Om du avbryter ditt lopp halvvägs, som de som inte deltar i loppet från början, kan du inte bli frälst.

Av den orsaken bekände aposteln Paulus, som var trogen

Gud med hela sitt hjärta, *"Jag dör varje dag, så sant som jag i Kristus Jesus, vår Herre, kan berömma mig av er, mina bröder"* (1 Korinterbrevet 15:31) och att *"I stället slår jag min kropp och tvingar den till lydnad, för att jag inte själv på något sätt skall komma till korta vid provet, när jag predikar för andra"* (1 Korinterbrevet 9:27).

Även för dig som är i en position av att undervisa andra, om du inte gör dig av med dina egna tankar och slår din kropp till lydnad som Paulus gjorde, kommer Gud överge dig. Det beror på att *"Er motståndare djävulen går omkring som ett rytande lejon och söker efter vem han skall sluka"* (1 Petrusbrevet 5:8).

I 1 Korinterbrevet 10:12 står det, *"Därför skall den som menar sig stå, se till att han inte faller."* Den andliga världen är ändlös och vår strävan efter att bli mer och mer lik Gud har inte heller något slut. På det sätt som åkermannen sår sin säd om våren, kultiverar under sommaren, och skördar på hösten, kommer du konstant avancera för att göra din själ excellent och förberedd på att möta Herren Jesus.

Vrida och hacka på huvudet

Vilka slags straff väntar den själ som har slutat att omskära sitt hjärta eftersom han trodde att han stod stadigt men som ändå föll?

En maskin som liknar helvetets budbärare, en fallen ängel, torterar honom. Maskinen är flera gånger större än vad helvetets budbärare är och ger själen rysningar bara av att se på den. På tortyrmaskinens händer finns det vassa och spetsiga fingernaglar som är längre än en vanlig människas längd.

Denna stora tortyrmaskin håller upp själen i nacken med sin högra hand och vrider själens huvud med sin vänstra hands fingernaglar, som borrar sig in i själens hjärna. Kan du föreställa dig hur oerhört smärtsamt detta måste vara?

Denna fysiska smärta är oerhörd; den mentala ångesten är än svårare att bära. Framför själens ögon spelas en bilduppvisning av hans lyckligaste stunder i detta liv: lyckan han kände när han för första gången fick uppleva Guds nåd, då han lyckligt prisade Honom, den tiden då han ivrigt ville uppfylla Jesu befallningar att "gå och gör lärjungar av alla folk" och annat liknande.

Mental tortyr och hån

För själen är varje scen som att få en kniv i sitt hjärta. Han var en gång en tjänare till Gud Allsmäktig och var fylld av hopp om att få bo i det underbara Nya Jerusalem. Nu är han förvisad till denna hemska plats. Denna enorma kontrast river sönder hans hjärta. Själen kan inte längre uthärda den mentala tortyren och begraver sitt blodiga och söndertrasade huvud och ansikte i sina händer. Han ber om barmhärtighet och ett slut på tortyren, men det finns inget slut på hans ångest.

Efter en stund släpper tortyrmaskinen ner själen till marken. Då omringar helvetets budbärare som hela tiden har sett själen lida, honom och säger hånfullt, "Hur kan du ha varit en tjänare till Gud? Du blev en Satans apostel, och nu är du underhållning för Satan."

Medan han lyssnar på hånet, gråter och ropar om nåd plockar

maskinens högra hands två fingrar upp honom i nacken. Utan att tänka på själens försök att slingra sig ur greppet lyfter maskinen upp honom till nackens höjd och hackar på hans huvud med sina vassa fingernaglar på sin vänstra hand. Maskinen tillfogar extra plåga genom att åter spela upp bilduppvisningen. Denna tortyr kommer att pågå till domens dag.

5. Fastbunden vid en trädstam

Det här är det straff som en tidigare tjänare till Gud fick. Han hade tidigare undervisat sina församlingsmedlemmar och hade ansvar för många viktiga positioner.

Stod emot den Helige Ande

Den här själen hade en stark längtan efter berömmelse, materiell vinning, och makt i sin natur. Han var noggrann i sina uppgifter men insåg inte sin egen ondska. Vid en tidpunkt slutade han att be, och därmed stoppade han effektivt varje strävan att omskära sitt hjärta. Omedvetet växte all slags ondska i honom som giftig svamp, och när församlingen han tjänade i gick igenom en stor kris, blev han omedelbart tagen av Satans kraft.

Han blev frestad av Satan att stå emot den Helige Ande och då växte hans synder ännu mer eftersom han tidigare varit en ledare i sin församling och påverkade så många församlingsmedlemmar negativt och hindrade Guds rike.

Utsatt för både tortyr och hån

Denne man straffas med att bli fastbunden vid en trädstam i nedre graven. Hans straff är inte lika allvarlig som Judas Iskariots, men det är fortfarande hårt och outhärdligt.

Helvetets budbärare visar själen en bilduppvisning med scener som visar de lyckligaste stunderna i hans liv, de flesta tillfällena då han var en trofast tjänare till Gud. Denna mentala tortyr påminner honom om att han en gång hade ett lyckligt liv och hade en möjlighet att ta emot Guds överflödande välsignelser men han omskar aldrig sitt hjärta på grund av hans girighet och falskhet, och han är nu här för att ta emot detta hemska straff.

Från taket hänger mängder av svarta frukter, och efter att själen har fått se en scen från bilduppvisningen pekar helvetets budbärare mot taket och säger hånfullt, "Din girighet bar en sådan här frukt!" Då faller frukterna en efter en. Varje frukt är ett huvud av alla dem som följde honom i att konfrontera Gud. De begick samma synd tillsammans med den här själen och resten av deras kroppar har efter fruktansvärd tortyr blivit avhuggen. Bara deras huvuden, som hänger i taket, är kvar. Själen som är bunden vid trädstammen uppmanade och frestade dessa människor i den här världen att följa hans giriga väg och göra onda gärningar, därför har de blivit hans girighets frukt.

När en helvetets budbärare hånar honom, är detta hån som en signal för att få dessa frukter att falla och spricka, en efter en. Sedan rullar plötsligt ett huvud ut ur säcken. Olika drama, dokumentärer, historiska filmer och actionfilmer visar ofta en människa med avskuren hals, med ovårdat hår, blodigt ansikte, såriga läppar, och stirrande ögon. Huvuden som faller från taket ser ungefär ut på det sätt som de porträtteras i sådana filmer.

Huvuden som faller från taket gnager på själen

När de spöklika huvudena faller från taket hänger de sig fast en efter en på själen. Först fastnar de på hans ben och biter på dem.

En annan scen från bilduppvisningen passerar inför själens ögon och helvetets budbärare hånar honom igen, "Se, din girighet hänger som den här!" Då faller ytterligare en säck från taket, brister och ytterligare ett huvud hänger sig fast på själens armar och börjar ivrigt äta på själens armar.

När helvetets budbärare på det här sättet hånar själen, faller huvuden från taket, ett efter ett. Dessa huvuden dinglar över hela själens kropp likt ett träd som bär överflödande frukt. Smärtan av att bli biten av dessa huvuden är helt annorlunda än att bli biten av något djur i den här världen. Giftet från de vassa tänderna i dessa huvuden sprider sig från den bitna delen till märgen och gör att kroppen blir hård och mörk. Denna smärta är så stor att det verkar mindre smärtsamt att bli biten av insekter eller att bli sönderriven av vilda djur.

Själarna som bara har sina huvuden kvar måste lida denna tortyr av att fått resten av sina kroppar avhuggna och sönderrivna. Så mycket bitterhet de måste ha mot denna själ. Trots att de konfronterade Gud utifrån sin egen ondska, är deras önskan att låta honom betala för deras fall så utstuderad och desperat. Själen vet mycket väl att han straffas på grund av sin girighet. Men istället för att ångra sig eller omvända sig från sina synder är han upptagen med att förbanna de andra själarnas huvuden som biter och förstör hans kropp. Allt eftersom tiden går och smärtan blir värre, blir själen allt ondare och elakare.

Begå inte oförlåtliga synder

Jag har gett fem exempel på straff som utmätts på människor som har konfronterat Gud. Sådana själar kommer att få tyngre straff än många andra eftersom de tidigare i sina liv har arbetat för Gud för att utvidga Hans rike som ledare i församlingen.

Vi måste komma ihåg att många själar som har hamnat i nedre graven och som straffas trodde alla att de trodde på Gud och trofast och ivrigt tjänade Honom, Hans tjänare och Hans församling.

Du måste också komma ihåg att aldrig tala emot, stå emot eller häda mot den Helige Ande. Omvändelsens ande kommer inte ges till dem som står emot den Helige Ande, speciellt inte eftersom de konfronterat den Helige Ande efter att de hade bekänt sin tro på Gud och efter att de personligen upplevt den Helige Andes gärningar. Därför kan de inte ens omvända sig.

Helt från början av min tjänst till denna dag har jag aldrig kritiserat andra kyrkor eller andra Gudstjänare, och aldrig fördömt dem som "villolärare." Om andra församlingar och pastorer tror på Treenigheten, erkänner himlens och helvetets existens, och predikar budskapet om frälsning genom Jesus Kristus, hur kan de då vara villolärare?

Det är också tydligt att konfrontera den Helige Ande genom att fördöma och kategorisera en församling på detta sätt eller en tjänare genom vilken Guds auktoritet och närvaro är synlig och bekräftad. Kom ihåg att det inte finns någon förlåtelse för en sådan synd.

Det betyder att så länge sanningen inte är konstaterad kan ingen fördöma någon som "villolärare." Begå inte heller synden av att stå emot och konfrontera den Helige Ande med din tunga.

Om du överger uppgiften given av Gud

Vi får aldrig under några omständigheter överge uppgifter givna av Gud med våra egna urskiljningssätt. Jesus betonade betydelsen av uppgifter genom liknelsen om talenterna (Matteus 25).

Det var en man som skulle åka på en resa. Han kallade samman sina tjänare och anförtrodde dem sin egendom, var och en efter dens förmåga. Han gav fem talenter till den första tjänaren, två till den andra, och en till den sista. Den första och den andra tjänaren satte sina pengar i arbete och båda tjänade in det dubbla. Men den tjänaren som bara hade fått en talent gick sin väg, grävde ett hål i marken, och gömde sin mästares pengar. Efter en lång tid återvände mästaren och begärde räkenskap av dem alla. Männen som hade fått fem respektive två talenter presenterade det dubbla. Mästaren prisade dem och sa, "Väl gjort, du gode och trogne tjänare!" Mannen som hade fått en talent blev utelämnad eftersom han inte hade arbetat med pengarna och åtminstone fått ränta på det, utan bara hållit fast vid dem.

"Talenten" i denna liknelse betyder en uppgift given av Gud. Du ser att Gud utelämnar den som bara håller fast vid sin uppgift. Ändå är det så många människor runt omkring oss som överger sina uppgifter som blivit dem givna av Gud. Du måste inse att de som överger sina uppgifter och kastar bort dem kommer säkerligen bli dömda på domens dag.

Kasta bort hyckleri och omskär ditt hjärta

Jesus betonade också vikten av att omskära sitt hjärta när han tillrättavisade lagens lärare och fariséerna och kallade dem hycklare. Laglärda och fariséerna verkade leva trofasta liv, men deras hjärtan var fulla av ondska så Jesus tillrättavisade dem och sa att de var som vitmålade gravar.

> *Ve er, skriftlärda och fariseer, ni hycklare! Ni liknar vitkalkade gravar. Utanpå ser de vackra ut, men inuti är de fulla av de dödas ben och allt slags orenhet. Så är det också med er. Utanpå ser ni ut att vara rättfärdiga, men inuti är ni fulla av hyckleri och ondska* (Matteus 23:27-28).

Av samma orsak är det värdelöst för dig att sminka dig fin eller klä dig i de finaste kläderna om ditt hjärta är fullt av avundsjuka, hat, och arrogans. Gud vill mer än något annat att vi ska omskära våra hjärtan och göra oss av med all ondska.

Att evangelisera, bry oss om församlingsmedlemmar, och

tjäna i församlingen är allt mycket viktigt. Men det viktigaste är att älska Gud, vandra i ljuset, och bli mer och mer lik Gud. Du ska bli helig såsom Gud är helig och du ska bli fullkomlig som Gud är fullkomlig.

Om din nuvarande nitälskan för Gud inte kommer från ett sant hjärta och hel tro, kan den alltid ebba ut och det kan inte behaga Gud. Men om man omskär sitt hjärta för att bli helig och hel kommer ens hjärta börja utsöndra en underbar väldoft som verkligen behagar Gud.

Det spelar vidare ingen roll hur mycket av Guds ord som du har lärt dig och vet, det som är viktigare är att du bestämmer dig för att uppföra dig och leva i enlighet med ordet. Du ska alltid hålla i minnet att det fruktansvärda helvetet existerar och därför rena ditt hjärta, och när Herren Jesus återvänder, kommer du vara en av de första att omfamna Honom.

1 Korinterbrevet 2:12-14 säger oss, *Men vi har inte fått världens ande, utan den Ande som är från Gud, för att vi skall veta vad vi har fått av Gud. Detta förkunnar vi också, inte med ord som mänsklig visdom lär utan med ord som Anden lär, när vi återger andliga ting med andliga ord. En oandlig människa tar inte emot det som tillhör Guds Ande. Det är dårskap för henne, och hon kan inte förstå det, eftersom det måste bedömas på ett andligt sätt.*

Om inte den Helige Andes gärningar och hjälp blir uppenbarad för oss av Gud, hur kan då någon i den köttsliga världen tala om andliga ting och förstå dem?

Gud själv har uppenbarat detta vittnesbörd om helvetet och

därför är varje del av den sann. Straffen i helvetet är så skrämmande att istället för att exponerar varje detalj har jag valt att bara skriva om några få plågsamma fall. Kom också ihåg att många av dem som hamnat i nedre graven finns dem som en gång var trogna och lojala till Gud.

Om du inte har rätt kvalifikationer, vilket innebär, om du slutar be och omskära ditt hjärta, kommer du helt säkert bli frestad av Satan att stå emot Gud och mot slutet kastas i helvetet.

Jag ber i Herrens namn att du ska förstå vilken skrämmande och fruktansvärd plats helvetet är, sträva efter att frälsa så många själar du kan, be ivrigt, noggrant predika evangeliet, och alltid undersöka dig själv för att kunna nå hela frälsningen.

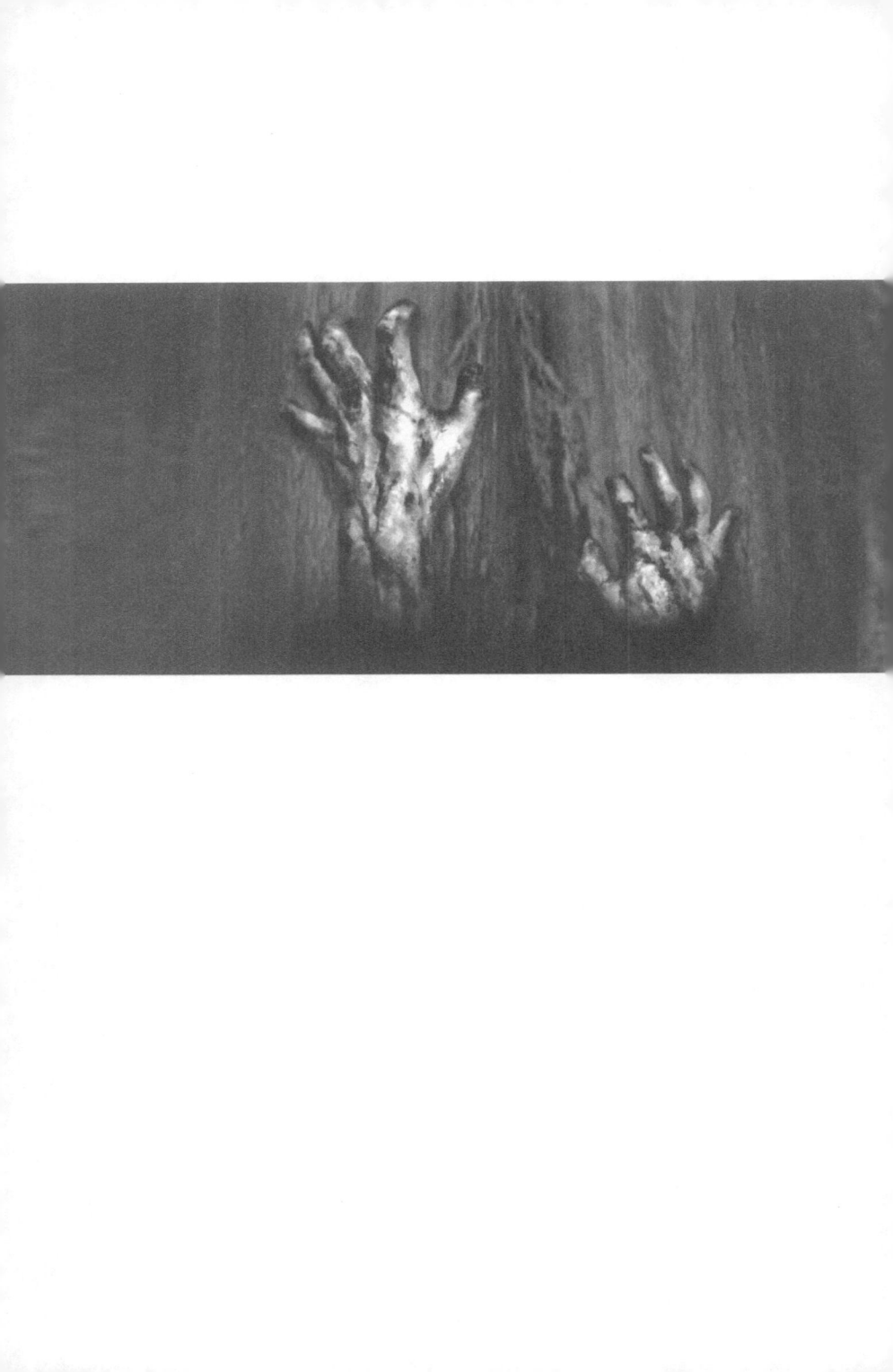

Kapitel 7

Frälsning under den stora vedermödan

1. Kristi ankomst och uppryckelsen
2. Den sjuåriga vedermödan
3. Martyrskap under den stora vedermödan
4. Kristi andra ankomst och tusenårsriket
5. Förbereda sig för att bli Herrens underbara brud

*"Och detta evangelium om riket skall predikas
i hela världen till ett vittnesbörd för alla folk,
och sedan skall slutet komma."*
- Matteus 24:14 -

*"En annan ängel, den tredje, följde dem och sade med stark röst;
Den som tillber vilddjuret och dess bild och tar dess märke på sin panna
eller sin hand, han skall själv få dricka av Guds vredes vin,
som oblandat hälls i Guds vredes bägare. Han kommer att plågas i eld
och svavel inför de heliga änglarna och inför Lammet.
Röken från deras plåga stiger upp i evigheternas evigheter.
De har ingen ro eller vila vare sig dag eller natt, dessa som tillber
vilddjuret och dess bild och tar emot märket med dess namn."*
- Uppenbarelseboken 14:9-11 -

Frälsning under den stora vedermödan

När vi lägger märke till dagens historieflöde och profetiorna i Bibeln inser vi att tiden är mogen och nära för Herrens ankomst. De senaste åren har det inträffat många jordbävningar och översvämningar vars storlek varit som de som endast sker vart hundrade år.

Det har också ofta uppstått storskaliga skogsbränder, orkaner och tyfoner som lämnat efter sig stor förödelse och enorma mängder dödsoffer. I Afrika och Asien har många människor lidit och dött av hunger på grund av långa torkperioder. Stora delar av världen har sett och upplevt onormala väderförhållanden orsakade av ozonlagrets uttunning, "El Niño", "La Niña" och många andra.

Det verkar inte heller vara någon ände på alla krig och konflikter mellan länder, terroristattacker och andra våldsformer. Människors överträdelser som är långt bortom alla moraliska principer har blivit vardagsmat och porträtteras i massmedia.

Sådana fenomen har redan blivit profeterade av Jesus Kristus för två tusen år sedan, när Han svarade på sina lärjungars fråga, *"Säg oss: När skall detta ske, och vad blir tecknet på din återkomst och den här tidsålderns slut?"* (Matteus 24:3).

Hur sanna är till exempel dessa verser idag?

> *"Folk skall resa sig mot folk och rike mot rike, och det skall bli hungersnöd och jordbävningar på den ena platsen efter den andra. Men allt detta är bara början på 'födslovåndorna'"* (Matteus 24:7-8).

Om du därför har sann tro, borde du veta att dagen för Jesu återkomst är väldigt nära och vara uppmärksam som de fem visa jungfrurna (Matteus 25:1-13). Du ska inte vara bland de andra fem jungfrurna som blev utelämnade, som inte förberedde tillräckligt med olja i sina lampor.

1. Kristi ankomst och uppryckelsen

För omkring två tusen år sedan dog vår Herre Jesus på korset, uppstod igen på den tredje dagen, och uppsteg till himlen inför många människors ögon. Apostlagärningarna 1:11 säger oss att, "Denne Jesus som har blivit upptagen från er till himlen, han skall komma igen på samma sätt som ni har sett honom fara upp till himlen."

Jesus kommer att återvända på molnen

Jesus Kristus har öppnat vägen till frälsning, uppstigit till himlen, satt sig vid Guds högra sida, och förbereder platser för oss. Vid den tidpunkt som Gud har valt och när våra boplatser i himlen är färdiga kommer Jesus tillbaka för att hämta oss som Jesus profeterade om i Johannes 14:3, *"Och om jag än går och bereder plats åt er, skall jag komma tillbaka och ta er till mig, för att ni skall vara där jag är."*

Hur kommer det se ut när Jesus återvänder?

Frälsning under den stora vedermödan

I 1 Tessalonikerbrevet 4:16-17 uppmålas en scen i vilken Jesus kommer ner från himlen tillsammans med en himmelsk här och änglar i oräkneligt antal, tillsammans med de döda i Kristus.

"Ty Herren skall själv stiga ned från himmelen, och ett maktbud skall ljuda, en överängels röst och en Guds basun. Och först skola de i Kristus döda uppstå; sedan skola vi som då ännu leva och hava lämnats kvar bliva jämte dem bortryckta på skyar upp i luften, Herren till mötes; och så skola vi alltid få vara hos Herren." [1917 års översättning].

Så fantastiskt det kommer bli för Jesus Kristus att återvända, omgiven och skyddad av den himmelska hären och änglarna på molnen! Då kommer alla människor som blivit frälsta av tro ryckas upp i skyn och vara med om den sjuåriga bröllopsfesten.

De som redan är döda men frälsta i Kristus kommer först att uppväckas och ryckas upp i skyn, följda av de som fortfarande lever då Jesus återvänder, och deras kroppar kommer att förvandlas till oförgängliga kroppar.

Uppryckelsen och den sjuåriga bröllopsfesten

"Uppryckelsen" är en händelse då troende kommer att ryckas upp i skyn.

I enlighet med Efesierbrevet 2:2 som säger, *"Tidigare levde ni i dem på den här världens vis och följde härskaren över luftens välde, den ande som nu är verksam i olydnadens*

Helvetet

söner" betyder "luften[5]" den plats där onda andar har auktoritet.
Men den här platsen för de onda andarna är inte platsen för den sjuåriga bröllopsfesten. Gud vår Fader har förberett en speciell plats för festen. Orsaken till att Bibeln kallar den förberedda platsen för "skyn" är för att den har samma namn som de onda andarnas plats eftersom de två platserna ligger i samma rymd.

När du kisar upp mot himlen kanske du upplever att det är svårt att förstå var "skyn" verkligen är – där vi kommer att möta Jesus och där den sjuåriga bröllopsfesten kommer att hållas. Svaren på sådana frågor kan hittas i serien "Lektioner i Första Moseboken" och den tvådelade bokserien *Himlen*. Läs gärna dessa budskap då det är mycket nödvändigt för att korrekt förstå den andliga världen och tro på Bibeln som den är.

Kan du föreställa dig så lyckliga alla Jesu troende kommer att vara, som har förberett sig själva som Hans brud, när de äntligen möter sin brudgum och får gå på bröllopsfesten som kommer att vara i sju år?

> *"Låt oss vara glada och jubla och ge honom äran. Ty Lammets bröllop har kommit, och hans brud har gjort sig redo. Åt henne har givits att klä sig i skinande, rent linnetyg."* *Linnetyget är de heligas rättfärdighet. Och ängeln sade till mig: "Skriv! Saliga är de som är bjudna till Lammets bröllopsmåltid." Och han tillade: "Dessa Guds ord är sanna"* (Uppenbarelseboken 19:7-9).

---

[5] Engelska ordet "air" används för både luften och skyarna.

De troende som å ena sedan har blivit uppryckta i skyarna kommer ta emot en belöning för att de har övervunnit världen. De som å andra sidan inte har ryckts upp kommer gå igenom svåra lidanden av ofattbar styrka av de onda andarna som har drivits ut från luften till jorden när Jesus återvänder.

2. Den sjuåriga vedermödan

Medan troende som blivit frälsta kommer njuta av bröllopsfesten i skyn med Jesus Kristus under sju år, vara glada tillsammans med Honom, och planera sin lyckliga framtid, kommer alla dem som lämnats kvar på jorden möta en vedermöda under sju år som ingen skådat tidigare och obeskrivliga och skrämmande katastrofer kommer att drabba mänskligheten.

Tredje världskriget och vilddjurets märke

Under ett kärnvapenkrig i global skala kommer det tredje världskriget göra att en tredjedel av jordens träd bränns ner och en tredjedel av mänskligheten utplånas. Under samma krig kommer det på grund av allvarliga luftföroreningar och förgiftat vatten vara svårt att hitta ren luft och rent vatten, och priserna på mat och förnödenheter kommer att bli skyhöga.

Vilddjurets märke "666" kommer presenteras och alla kommer att tvingas ta emot det, antingen på den högra handen eller på pannan. Om någon vägrar ta emot märket kan man inte kunna garantera den personens identitet och han/hon kommer då inte kunna utföra någon form av transaktion eller ens kunna köpa det nödvändigaste.

> *Och det tvingar alla, små och stora, rika och fattiga, fria och slavar, att ta emot ett märke på högra handen eller på pannan, så att ingen kan köpa eller sälja utom den som har märket, vilddjurets namn eller dess namns tal. Här gäller det att vara vis. Den som har förstånd må räkna ut vilddjurets tal, ty det är en människas tal. Och dess tal är sexhundrasextiosex* (Uppenbarelseboken 13:16-18).

Bland dem som blivit lämnade kvar efter Jesu ankomst och uppryckelsen finns människor som har hört evangeliet eller varit kyrkobesökare och som nu kommer ihåg Guds ord.

Där finns dem som avsiktligt lämnade sin tro, och andra som antog att de trodde på Gud men som ändå lämnades kvar. Om dessa helhjärtat hade trott på Bibeln skulle de ha levt goda liv i Kristus.

Istället var de alltid ljumna och sa till sig själva, "Jag kan bara få reda på om himlen och helvetet existerar efter att jag har dött" och därför hade de inte den slags tron som nådde fram till frälsningen.

Straff för människor som tar emot vilddjurets märke

Sådana människor inser att alla ord i Bibeln är sanna endast efter att de har sett uppryckelsen ske. De sörjer och gråter bittert.

Frälsning under den stora vedermödan

Fångad i stor fruktan omvänder de sig från att inte ha levt efter Guds vilja och söker desperat en väg till frälsning. Och eftersom de vet att vilddjurets märke bara leder dem till helvetet gör de allt de kan för att undvika det. Till och med på det här sättet försöker de bevisa sin tro.

> *En annan ängel, den tredje, följde dem och sade med stark röst: "Den som tillber vilddjuret och dess bild och tar dess märke på sin panna eller sin hand, han skall själv få dricka av Guds vredes vin, som oblandat hälls i Guds vredes bägare. Han kommer att plågas i eld och svavel inför de heliga änglarna och inför Lammet. Röken från deras plåga stiger upp i evigheternas evigheter. De har ingen ro eller vila vare sig dag eller natt, dessa som tillber vilddjuret och dess bild och tar emot märket med dess namn." I detta visar sig de heligas uthållighet: de håller fast vid Guds bud och tron på Jesus* (Uppenbarelseboken 14:9-12).

Men det är inte lätt att vägra vilddjurets märke speciellt i en värld där de onda andarna fullständigt tagit över. De onda andarna vet på samma gång att dessa människor kommer ta emot frälsningen när de vägrar ta emot 666-märket och dö martyrdöden. Därför varken kan eller vill de onda andarna ge upp.

Under de tidiga dagarna i den kristna församlingen för två tusen år sedan var det många länders myndigheter som förföljde kristna genom att korsfästa eller halshugga dem, eller överlämna dem till lejonen som byte. Om man skulle bli förföljd och dödad på det här sättet under den stora vedermödan skulle oändligt många människor dö en snabb död. Men de onda andarna kommer under denna sjuårsperiod inte göra det lätt för människorna som blivit kvarlämnade. De onda andarna kommer att tvinga människor att förneka Jesus på vilket sätt de än kan genom att mobilisera alla krafter de har mot människorna. Detta betyder inte att människor kan begå självmord för att undvika lidandet, eftersom självmord endast leder till helvetet.

De som kommer bli martyrer

Jag har redan nämnt några av de fruktansvärda tortyrmetoderna som används av de onda andarna. Under den stora vedermödan kommer tortyrmetoder värre än man någonsin kan föreställa sig användas. Och eftersom tortyren är nästan omöjlig att uthärda kan endast en liten andel människor faktiskt ta emot frälsning under denna tid.

Därför måste vi alla vara andligt vakna hela tiden och se till att vi har den tron som kommer att rycka oss upp på skyarna vid Kristi ankomst.

Medan jag bad visade Gud mig i en vision att de människor som var kvarlämnade efter uppryckelsen blev utsatta för alla slags tortyrmetoder. Jag såg att de flesta inte kunde uthärda dem och gav efter för de onda andarna till slut.

Tortyren innebar allt ifrån att skala skinnet av människor, till att bryta sönder och krossa deras leder, att hugga av deras fingrar och tår och hälla kokhet olja över dem. En del som själva kunde stå ut med lidandet klarade inte av att se sina föräldrar eller små barn lida och de gav också efter för 666-märket.

Det finns fortfarande ett litet antal rättfärdiga människor som övervinner alla frestelser och tortyr. Dessa människor tar emot frälsning. Trots att det är en skamfull frälsning och de bara kommer in i Paradiset som tillhör himlen, är de bara tacksamma och glada över att åtminstone inte hamna i helvetet.

Det är därför som vi är skyldiga att sprida budskapet om helvetet över hela världen. Trots att det verkar som om människor inte tänker på det nu, om de kommer ihåg budskapet under den stora vedermödan kommer det göra väg för dem till deras frälsning.

Somliga säger att de kommer att dö martyrdöden för att ta emot frälsning om uppryckelsen verkligen sker och de blir kvarlämnade.

Men om de inte kunde bevara sin tro i den här tiden, då det är frid, hur kommer det då vara möjligt för dem att försvara sin tro under brutal tortyr? Vi kan inte ens förutsäga vad som kommer hända med oss om tio minuter. Om de dör innan de ens har chansen att dö som martyrer väntar endast helvetet på dem.

3. Martyrskap under den stora vedermödan

Som hjälp för dig att förstå det lidande som den stora vedermödan innebär lättare och låta dig förbli andligt vaken så att du kan undvika den, berätta mer om den genom ett exempel på en själ.

Eftersom den här kvinnan tog emot Guds överflödande nåd

kunde hon se och höra stora, underbara, och till och med dolda ting om Gud. Ändå var hennes hjärta fyllt med ondska och hon hade liten tro.

Med sina gåvor från Gud fullgjorde hon viktiga uppgifter, hade en mycket viktig roll i utvidgandet av Guds rike, och behagade ofta Gud med sina gärningar. Det är lätt för folk att ta för givet, "Dessa människor med viktiga uppgifter i församlingen måste vara män och kvinnor med stor tro!"

Men detta behöver inte nödvändigtvis vara sant. Från Guds perspektiv finns det oändligt många troende vars tro är allt annat än "fantastisk." Gud mäter inte köttslig tro, utan andlig tro.

Gud vill ha andlig tro

Låt oss kort titta på den "andliga tron" genom israeliternas befrielse ut ur Egypten. Israeliterna såg och upplevde Guds tio plågor. De såg Röda Havet dela sig mitt itu och Farao och hans armé som drunknade i det. De upplevde Guds ledning genom molnpelaren om dagen, och eldpelaren om natten. Varje dag åt de manna från himlen och hörde Guds röst från molnen, och såg Hans kraftgärningar i eld. De drack vatten från klippan efter att Mose hade slagit på den, och såg det bittra vattnet i Mara bli sött. Trots att de upprepade gånger såg den levande Gudens gärningar och tecken, var deras tro varken behaglig eller acceptabel för Gud. Därför kunde de inte komma in i det förlovade landet Kanaan till slut (4 Mosebok 20:12).

Å ena sidan är en persons tro utan gärningar inte sann, oavsett hur mycket man vet Guds ord och har sett och hört

Hans gärningar och mirakler. Om vi å andra sidan har fått andlig tro, kommer vi inte sluta att lära oss Guds ord; vi kommer också följa ordet, omskära våra hjärtan och undvika all slags ondska. Om vi har "stor" eller "liten" tro beror på hur mycket vi är lydiga Guds ord, uppför oss och lever i enlighet med det och efterliknar Guds hjärta.

Upprepad olydnad i arrogans

I den aspekten hade kvinnan liten tro. Hon försökte under en tid att omskära sitt hjärta men kunde inte helt överge ondskan. Och eftersom hon hade en position där hon predikade Guds ord blev hon mer och mer arrogant.

Kvinnan trodde hon hade sann och stor tro. Hon gick så långt att hon trodde att Guds vilja inte kunde uppfyllas eller ske om inte hon var med eller hjälpte till. Istället för att ge äran till Gud för hennes gudagivna gåvor, ville hon mer och mer ta åt sig all ära. Hon använde också Guds egendom i hennes förvaltarskap för att tillfredsställa begären i hennes syndfulla natur.

Hon fortsatte att vara olydig. Även om hon visste att det var Guds vilja för henne att bege sig österut, åkte hon västerut. På det sätt som Gud övergav Saul, Israels första kung på grund av hans olydnad (1 Samuelsboken 15:22-23) kommer människor som en gång var redskap i Guds hand för att utvidga Guds rike efter upprepade olydnadshandlingar få Gud att vända bort sitt ansikte från dem.

Eftersom kvinnan kunde Guds ord var hon medveten om

Helvetet

sina synder och omvände sig flera gånger. Men hennes omvändelsebön kom bara från hennes läppar, inte från hennes hjärta. Hon begick samma synder igen och igen och på så sätt byggde hon en hög mur av synd mellan Gud och sig själv.

2 Petrusbrevet 2:22 säger oss, *"Det har gått med dem som det så sant heter i ordspråket: En hund vänder om till sina spyor, och ett rentvättat svin vältrar sig i smutsen."* Efter att hon omvänt sig från sina synder, begick hon ändå samma synder gång på gång.

Eftersom hon blev intagen av sin egen arrogans och många synder vände Gud till slut bort sitt ansikte från henne och hon blev till slut ett redskap för Satan i att stå emot Gud.

När den sista möjligheten getts till omvändelse

I allmänhet är det så att de som talar emot, står emot, eller hädar den Helige Ande inte kan bli förlåtna. Aldrig någonsin kommer de att få möjlighet att omvända sig igen, och de kommer till sist att hamna i nedre graven.

Men det är något annorlunda med den här kvinnan. Trots all synd och ondska som upprört Gud gång efter annan har Han ändå gett henne en sista chans att omvända sig. Det är för att kvinnan en gång var ett sådant dyrbart redskap för Hans rike. Trots att kvinnan övergav sina uppgifter och löftet om härlighet och belöningar i himlen, har Han gett henne en sista chans, för att hon tidigare hade behagat Gud så mycket.

Hon står fortfarande emot Gud, och den Helige Ande inom henne har utplånats. Men genom Guds speciella nåd kommer kvinnan få en sista chans att omvända sig och ta emot frälsning efter uppryckelsen under den stora vedermödan genom martyrskap.

Hennes tankar är fortfarande fångade under Satans kontroll men efter uppryckelsen kommer hon att ta sitt förnuft till fånga. Eftersom hon kan Guds ord så väl är hon också väl medveten om vägen framför. Efter att hon förstått att den enda vägen till att ta emot frälsning är genom martyrskap, kommer hon att omvända sig från hjärtat, samla kristna som lämnats kvar, tillbe, prisa och be tillsammans med dem i det att hon förbereder sig för att bli martyr.

Martyrs död och skamfylld frälsning

När tiden är inne kommer hon att vägra ta emot 666-märket och följaktligen tas bort för att torteras av dem som kontrolleras av Satan. De skalar av hennes skinn, lager efter lager. De kommer till och med att bränna hennes mjukaste och mest intima delar av hennes kropp med eld. De kommer tänka ut en metod som ska göra hennes tortyr så plågsam och långsam som möjligt. Snart fylls rummet med lukten av bränt kött. Hennes kropp är nersmetad av blod från topp till tå, hennes huvud är vänt neråt och hennes ansikte är marmorerad mörk och blå, som ett lik.

Om hon trots denna tortyr kan härda ut till slutet kommer hon trots sina många synder och ondska i det förgångna åtminstone ta emot den skamfyllda frälsningen och komma in i paradiset. I utkanten av himlen, längst bort från Guds tron, i paradiset, kommer kvinnan gråta och beklaga sig över alla sina gärningar i detta liv. Hon kommer givetvis vara tacksam och glad över att ha blivit frälst. Men under väldigt lång tid kommer hon ångra sig och längta efter Nya Jerusalem och säga, "Om jag bara hade övergett ondskan och fullgjort Guds uppgifter helhjärtat så skulle jag varit på den härligaste platsen av dem alla i Nya Jerusalem..." När hon ser människor hon kände i detta livet som bor i Nya Jerusalem kommer hon alltid känna sig skamsen och generad.

Om hon tar emot 666-märket

Om hon inte håller ut i tortyren och tar emot vilddjurets märke innan tusenårsriket, kommer hon bli kastad till nedre graven och bli straffad genom korsfästelse på ett kors till höger bakom Judas Iskariot. Hennes straff i nedre graven är en upprepning av tortyren hon fick gå igenom under den stora vedermödan. I över ett tusen år kommer hennes skinn skalas av och brännas med eld.

Helvetets budbärare och alla dem som gjorde ondska genom att följa henne kommer tortera kvinnan. De blir också straffade för sina onda gärningar och de kommer släppa ut sin smärta och vrede över henne.

De straffas på det här sättet i nedre graven tills slutet av tusenårsriket. Efter domen kommer dessa själar hamna i helvetet som brinner av eld och svavel, där endast värre straff väntar dem.

4. Kristi andra ankomst och tusenårsriket

Som nämnts tidigare kommer Jesus Kristus tillbaka i skyn och de som rycks med kommer njuta av en sjuårig bröllopsfest med Honom, medan den stora vedermödan startar igång genom onda andar som har drivits ut ur skyn.

Sedan återvänder Jesus Kristus till jorden och tusenårsriket börjar. De onda andarna hålls inspärrade i avgrunden under den här tiden. De som var med på den sjuåriga bröllopsfesten och de som dog martyrdöden under den stora vedermödan kommer regera över jorden och dela sin kärlek med Jesus Kristus under ett tusen år.

> *Salig och helig är den som har del i den första uppståndelsen. Över dem har den andra döden inte någon makt, utan de skall vara Guds och Kristi präster och regera med honom i tusen år* (Uppenbarelseboken 20: 6).

Ett litet antal köttsliga människor som överlevt den stora vedermödan kommer också bo på jorden under tusenårsriket. Men de som redan har dött utan att ha tagit emot frälsningen kommer fortsätta bli straffade i nedre graven.

Tusenårsriket

Människor kommer njuta av ett fridfullt liv som under tiden i Edens lustgård när tusenårsriket kommer eftersom det inte finns några onda andar. Jesus Kristus och de frälsta andliga människorna bor i en stad som liknar kungars slott avskilda från de köttsliga människorna. Andliga människor bor i staden och köttsliga människor som överlevt den stora vedermödan bor utanför staden.

Innan tusenårsriket renar Jesus Kristus jorden. Han renar den förgiftade luften, förnyar träden, växterna, bergen och vattendragen. Han skapar en vacker omgivning.

Köttsliga människor satsar allt på att föda barn så ofta och många gånger de kan eftersom det bara är några få av dem kvar. Ren luft och frånvaron av onda andar lämnar inget utrymme för sjukdomar och ondska. Orättfärdighet och ondska i människors hjärtan är inte tydliga under den här tiden eftersom de onda andarna som är ursprunget till ondskan befinner sig i avgrunden.

Likt tiden innan Noa kommer människor leva i hundratals år. Jorden kommer snart fyllas av många människor under denna tusenårsperiod. Man kommer inte äta kött utan frukter eftersom det inte finns något som förstör livet längre.

Det kommer också ta en mycket lång tid för dem att nå den nivå av dagens forskning eftersom stora delar av civilisationen förstörts under krigen i den stora vedermödan. Allt eftersom tiden går kan deras civilisation nå den som är idag i det att deras kunskap och visdom utökas.

Andliga och köttsliga människor bor tillsammans

Det är inte nödvändigt för andliga människor som bor med Jesus Kristus på jorden att äta på samma sätt som köttsliga

Frälsning under den stora vedermödan

människor gör, eftersom de andliga människornas kroppar redan blivit förvandlade till uppståndelsekroppar, andliga kroppar. De konsumerar blommors aromer och liknande, men om de önskar kan de äta samma mat som de köttsliga människorna. Men andliga människor njuter inte av fysisk mat och även om de äter den produceras inget avfall som det gör för köttsliga människor. Precis som Jesus andades efter att Han hade ätit en fiskbit, avdunstar den mat som andliga människor ut genom utandningsluften.

Andliga människor predikar och vittnar också om Jesus Kristus för de köttsliga människorna så att när tusenårsriket är slut kommer dessa köttsliga människor inte att bli frestade av de onda andarna som släpps ut ur avgrunden. I tiden före domen har Gud inte spärrat in de onda andarna i avgrunden för evigt utan endast för tusen år (Uppenbarelseboken 20:3).

Mot slutet av tusenårsriket

När tusenårsriket är slut kommer de onda andarna som varit inspärrade i avgrunden under de tusen åren tillfälligt släppas lösa. De börjar fresta och vilseleda de köttsliga människorna som har levt i frid. De flesta köttsliga människorna blir frestade och vilseledda oavsett hur mycket andliga människor har lärt dem att stå emot det. Trots att de andliga människorna i detalj har varnat dem om det som ska komma blir köttsliga människor ändå frestade och börja planera för hur man ska konfrontera och kriga mot de andliga människorna.

Helvetet

> *Och när de tusen åren har nått sitt slut skall Satan släppas ut ur sitt fängelse. Och han skall gå ut för att bedra folken vid jordens fyra hörn, Gog och Magog, och samla dem till striden, och deras antal är som sanden i havet. De drog upp över hela jordens vidd och omringade de heligas läger och den älskade staden. Men eld kom ner från himlen och förtärde dem* (Uppenbarelseboken 20:7-9).

Men Gud kommer med eld förgöra de köttsliga människorna som krigar och kommer kasta tillbaka de onda andarna som tillfälligt har blivit utsläppta ur avgrunden efter domen vid den stora vita tronen.

Till slut kommer de köttsliga människorna som ökat i antal under tusenårsriket också bli dömda efter Guds rättvisa. Å ena sidan kommer alla människor som inte tog emot frälsningen – bland dem är de som överlevde den sjuåriga vedermödan – kastas till helvetet. Å andra sidan kommer de som tagit emot frälsningen komma in i himlen och, efter deras tro, bo på olika boplatser i himlen, t ex Nya Jerusalem, paradiset osv.

Efter domen vid den stora vita tronen kommer den andliga världen delas upp i himlen och helvetet. Detta kommer jag förklara närmare i nästa kapitel.

5. Förbereda sig för att bli Herrens underbara brud

För att undvika att bli lämnad kvar i den stora vedermödan behöver du förbereda dig själv som en underbar brud till Jesus Kristus och välkomna Honom vid Hans ankomst.

I Matteus 25:1-13 finns liknelsen om de tio jungfrurna som är en mycket nyttig lärdom för alla troende. Även om du kanske bekänner din tro på Gud kommer du inte kunna välkomna din brudgum Jesus Kristus om du inte har tillräckligt med olja i din lampa. Fem jungfrur hade med sig extra olja så de kunde välkomna sin brudgum och komma in på bröllopsfesten. De andra fem jungfrurna hade inte med sig extra och kunde inte komma in på festen.

Hur kan vi då förbereda oss själva som de fem visa jungfrurna, bli en brud åt Herren, och undvika att hamna i den stora vedermödan och istället få vara med på den stora bröllopsfesten?

Be ivrigt och håll dig vaken

Så länge du gör ditt bästa i att omskära ditt hjärta kommer Gud, även om du är en ny troende och har svag tro, bevara dig till och med mitt under stora svårigheter. Oavsett hur svåra omständigheterna är kommer Gud omsluta dig med livets filt och göra så du övervinner alla svårigheter med lätthet.

Men Gud kan inte beskydda dem som varit troende under lång tid, som har gjort sina gudagivna uppgifter, och som vet mycket om Guds ord, om de slutar be, slutar att längta efter renhet och slutar omskära sina hjärtan.

När du möter svårigheter måste du kunna urskilja den Helige Andes röst för att övervinna dem. Men om du inte ber, hur ska du då kunna lyssna på den Helige Andes röst och leva ett segerrikt liv? Om man inte blir fullständigt fylld med den Helige Ande kommer man mer och mer behöva förlita sig på sina egna tankar och snubbla gång på gång, frestad av Satan.

Nu när vi också närmar oss tidens slut kommer onda andar gå runt som rytande lejon för att leta efter någon som de kan uppsluka eftersom de vet att deras tid också snart är slut. Vi ser ofta lata studenter som pluggar dag och natt just innan ett prov. Om du på samma sätt är en troende som är medveten om att vi lever i de sista dagarna, som leder in i denna tidsålders slut, måste du hålla dig vaken och förbereda dig själv som en underbar brud till Herren.

Överge det onda och efterlikna Herren

Vilka slags människor håller sig vakna? De ber alltid, är alltid fyllda med den Helige Ande, tror på Guds ord, och lever efter Hans ord.

När du håller dig vaken hela tiden kommer du alltid kunna kommunicera med Gud så att du inte blir frestad av onda andar. Du kommer också lätt kunna övervinna vilken prövning som helst eftersom den Helige Ande gör dig uppmärksam på det som ska komma, leder dig på rätt väg, och låter dig förstå sanningens ord.

Men de som inte håller sig vakna kan inte höra den Helige

Andes röst vilket gör att de lätt frestas av Satan och går på dödens väg. Man håller sig vaken genom att omskära sitt hjärta, uppföra sig och leva efter Guds ord, och bli helgad.

Uppenbarelseboken 22:14 säger oss att *"Saliga är de som tvättar sina kläder. De skall få rätt till livets träd och få komma in i staden genom dess portar."* I den här delen handlar "kläder" om formell klädsel. Andliga "kläder" handlar om ditt hjärta och din vandel. Att "tvätta sina kläder" symboliserar att göra sig av med ondska och följa Guds ord för att bli andlig och mer och mer lik Jesus Kristus. De som är helgade på det här sättet förtjänar rätten att komma in genom himlens portar och njuta av evigt liv.

Människor som tvättar sina kläder i tro

Hur kan vi tvätta våra kläder ordentligt? Man måste först omskära sitt hjärta med sanningens ord och ivrig bön. Med andra ord måste du göra dig av med all osanning och ondska från ditt hjärta och enbart fylla det med sanning. Precis som du tvättar bort smuts från dina kläder i rent vatten, borde du tvätta bort smutsiga synder, laglöshet, och ondska från ditt hjärta med Guds ord, livets vatten, och klä dig i sanningens klädnad med ett hjärta som efterliknar Jesu Kristi hjärta. Gud kommer att välsigna den som visar sin tro med gärningar och som omskär sitt hjärta.

Uppenbarelseboken 3:5 säger oss, *"Den som segrar skall alltså bli klädd i vita kläder, och jag skall aldrig stryka ut hans namn ur livets bok utan kännas vid hans namn inför min Fader och hans änglar."* Människor som segrar över världen med tro och som vandrar i sanningen kommer njuta av evigt liv i himlen eftersom de har sanna hjärtan och ingen ondska finns där.

Men människor som bor i mörkret har ingenting med Gud att göra oavsett hur länge de kan ha varit kristna, eftersom de vill ha namnet om sig att de lever, men de är döda (Uppenbarelseboken 3:1). Se därför till att du alltid sätter ditt hopp till Gud som inte dömer oss efter hur vi ser ut utan endast ser till våra hjärtan och gärningar.

Be också alltid och lyd Guds ord så att du kan nå fullkomlig frälsning.

Kapitel 8

Straffen i helvetet efter den stora domen

1. Ofrälsta själar hamnar i helvetet efter domen
2. Eldsjön och sjön som brinner av eld och svavel
3. Somliga förblir i nedre graven även efter domen
4. Onda andar hålls inspärrade i avgrunden
5. Var hamnar demonerna?

*"[I helvetet] där deras mask inte dör
och elden inte släcks.
Ty var och en skall saltas med eld."*
- Markus 9:48-49 -

*"Och djävulen som hade bedragit dem,
kastades i sjön av eld och svavel, där också vilddjuret
och den falske profeten är. Och de skall plågas dag och natt
i evigheternas evigheter."*
- Uppenbarelseboken 20:10 -

Med Kristi ankomst börjar tusenårsriket här på jorden och efter det följer domen vid den stora vita tronen. Domen – som kommer att avgöra himmel eller helvete, belöningar eller straff – kommer döma över alla efter vad han/hon har gjort i sitt liv. En del kommer att få njuta av evig lycka i himlen medan andra blir straffade i helvetet för evigt. Låt oss titta närmare på domen vid den stora vita tronen, då destination himmel eller helvete blir beslutat, och vilken slags plats som helvetet är.

1. Ofrälsta själar hamnar i helvetet efter domen

Medan jag bad i juli 1982 för att förbereda påbörjandet av min tjänst fick jag i detalj reda på vad som kommer att ske under domen vid den stora vita tronen. Gud visade mig en scen i vilken Han satt på sin tron, Herren Jesus Kristus och Mose stod framför tronen, samt de som verkade som jury. Trots att Guds domar alltid är noggranna och rättvisa på ett sätt som inte ens kan jämföras med domar i den här världen, ger Han inget domsutslag utan Jesus som en försvarsadvokat i kärlek, Mose som lagens åklagare, och folket som jurymedlemmar.

Straffen i helvetet bestäms i domen

Uppenbarelseboken 20:11-15 berättar för oss hur Gud dömer med noggrannhet och rättvisa. Livets bok används i domen där namnen på de frälsta finns nedskrivna och böcker där människors gärningar skrivits ner.

> *Och jag såg en stor vit tron och honom som satt på den. För hans ansikte flydde jord och himmel, och det fanns ingen plats för dem. Och jag såg de döda, både stora och små, stå inför tronen. Och böcker öppnades, och ännu en bok öppnades, livets bok. Och de döda blev dömda efter sina gärningar, efter vad som stod skrivet i böckerna. Och havet gav igen de döda som fanns i det, och döden och helvetet gav igen de döda som fanns i dem, och var och en dömdes efter sina gärningar. Döden och helvetet kastades i eldsjön. Detta, det vill säga eldsjön, är den andra döden. Om någon inte fanns skriven i livets bok kastades han i eldsjön.*

"De döda" betyder här alla de som inte har accepterat Kristus som sin Frälsare eller som har död tro. När tiden som Gud har utvalt kommer, skall "de döda" uppstå och stå inför Guds tron för att bli dömda. Livets bok öppnas framför Guds tron.

Förutom Livets bok där namnen på alla frälsta personer finns nedskrivna, finns det andra böcker där alla gärningar som de döda gjort finns nedtecknade. Änglarna skriver ner allt vi gör, säger, och tänker när vi t ex förbannar andra, slår någon, får vredesutbrott, gör gott osv. Precis som du kan skapa tydliga minnen av speciella händelser och dialoger under en lång tid med videokamera eller annan pryl för inspelning, har också Gud sparat varje händelse i varje människas liv på jorden.

Gud kommer därför döma rätt på domens dag efter vad som finns nedskrivet i dessa böcker. De som inte har blivit frälsta blir dömda efter sina onda gärningar, och kommer få olika typer av straff efter den grad av synd de har begått, för evigt i helvetet.

Sjön som brinner av eld och svavel

"Och havet gav igen de döda som fanns i dem" betyder inte att havet gav tillbaka dem som hade drunknat i det. "Havet" har en andlig betydelse och det betyder världen. Det betyder att de som har levt i världen och återvänt till stoft kommer uppstå för att kunna dömas inför Gud.

Vad betyder då "döden och helvetet gav igen de döda som fanns i dem"? Det betyder att de som har lidit i nedre graven också kommer att uppstå och stå inför Gud för att bli dömda. Efter att de har dömts av Gud kommer de flesta som lidit i nedre graven kastas i sjön som brinner av eld och svavel, allt efter den grad deras synder varit, och som tidigare nämnts, ges straffen i nedre graven till dess det är dags för domen vid den stora vita tronen.

> *Men de fega, de otroende och de skändliga, mördarna, de otuktiga, trollkarlarna, avgudadyrkarna och alla lögnare skall få sin del i sjön som brinner av eld och svavel. Detta är den andra döden* (Uppenbarelseboken 21:8).

Straffen i eldsjön kan inte alls jämföras med de i nedre graven. Det beskrivs i Markus 9:47-49, *"Och om ditt öga förleder dig till synd, så riv ut det! Det är bättre för dig att gå in i Guds rike med ett öga än att med båda ögonen i behåll kastas i Gehenna, där deras mask inte dör och elden inte släcks. Ty var och en skall saltas med eld."* Sjön som brinner med eld och svavel är dessutom sju gånger hetare än eldsjön.

Ända tills domens dag blir människor sönderrivna av insekter och vilddjur, torterad av helvetets budbärare, eller måste lida många olika slags straff i nedre graven som tjänar som en väntplats på väg till helvetet. Efter domen kommer endast smärtan från eldsjön och det brinnande svavlet att återstå.

Ångest i sjön som brinner av eld och svavel

När jag predikade budskapen om de gastkramande synerna i nedre graven var det många av mina församlingsmedlemmar som inte kunde hålla tillbaka tårarna eller beklaga sig över dem som hamnar på en sådan ond plats. Men lidandena i sjön som brinner av eld och svavel är mycket värre än något straff i nedre graven. Kan du föreställa dig graden av lidande åtminstone lite grann? Även om vi försöker att förstå andliga koncept går det ändå bara till en viss gräns för oss som fortfarande är i köttet.

Och hur ska vi till fullo kunna förstå den härlighet och skönhet som himlen har? Själva ordet "evighet" är något som vi inte är bekanta med och vi tvingas till gissningar. Även om vi försöker föreställa oss livet i himlen baserat på orden "glädje", "lycka", "förtjusning", "skönhet" och liknande kan det inte jämföras med det liv vi så småningom kommer att leva i himlen. När det är tid för dig att komma till himlen, se allt med dina egna ögon, uppleva livet, kommer du tappa hakan och vara förstummad. På samma sätt är det med helvetet, om vi inte faktiskt upplever lidandet i helvetet kan vi inte till fullo förstå graden av lidande som är bortom all föreställning i denna värld.

De som hamnar i sjön som brinner av eld och svavel

Även om jag försöker mitt bästa så försök hålla i minnet att helvetet inte är en plats som kan beskrivas på till fullgott sätt med ord i den här världen. Fast jag förklarar det efter bästa kapacitet kommer min beskrivning endast kunna beskriva en miljondel av den hemska verkligheten i helvetet. Och när de fördömda själarna kommer ihåg att deras plåga inte är begränsad utan kommer vara för evigt kommer de att lida ännu mer.

Efter domen vid den stora vita tronen kommer de som fått den första och andra straffnivån i nedre graven att kastas i eldsjön. De som fått den tredje och fjärde straffnivån kommer att kastas i sjön som brinner av eld och svavel. Själar som för närvarande är i nedre graven vet att domen ännu ligger framför dem, och de vet var de kommer att vara efter domen. Så trots att de rivs sönder av insekter och helvetets budbärare kan dessa själar på avstånd se eldsjön och sjön som brinner av eld och svavel i helvetet och är mycket väl medvetna om att de kommer att straffas där.

Det innebär att själarna i nedre graven inte bara lider av deras nuvarande smärta, utan också av den mentala smärtan av rädsla för det som ska komma efter domen.

Ett klagorop från en själ i nedre graven

Medan jag bad om uppenbarelser om helvetet tillät Gud mig genom den Helige Ande att få höra ett klagorop från en själ i nedre graven. Försök att känna en del av den fruktan och förtvivlan som denna själ omges av medan jag skriver varje ord från klagosången.

> Hur kan detta vara en människas figur?
> Det var inte så här jag såg ut under mitt jordeliv.
> Jag var attraktiv och sensationellt vacker.
> I denna ändlösa smärta och förtvivlan,
> Hur kan jag bli fri?
> Hur kan jag fly från detta?
> Kan jag dö? Vad kan jag göra?
> Kan jag få lite vila åtminstone för en stund
> mitt i detta eviga lidande?

Finns det något sätt att korta ner detta förbannade liv från denna outhärdliga smärta?

Jag skadar min kropp för att döda mig själv, men jag kan inte dö.

Det finns inget slut... det finns helt enkelt inget slut...
Det finns inget slut på denna min själs plåga.
Det finns inget slut på mitt utdragna liv.
Hur kan jag beskriva detta med ord?
Jag kommer snart bli kastad
i en stor och bottenlös eldsjö.
Hur ska jag kunna uthärda det?

Lidandet här är outhärdligt redan nu!
Den rasande eldsjön är så, så
skrämmande, så djup, och så het.

Hur ska jag kunna uthärda där?
Hur ska jag kunna fly undan den?
Hur ska jag kunna fly undan detta lidande?

Om jag bara kunde leva...
Om det bara fanns ett sätt för mig att leva...
Om jag bara kunde bli befriad...
Jag skulle åtminstone kunna leta efter en utväg
men jag kan inte se någon.

Det finns bara mörker, förtvivlan och smärta här,
Och det finns bara frustration och svårigheter för mig.
Hur ska jag kunna uthärda detta lidande?
Om Han bara öppnade dörren till livet...
Om jag bara kunde se en väg ut ur detta...

Snälla fräls mig. Snälla fräls mig.
Det är så skrämmande och svårt för mig att uthärda.
Mina dagar har hittills varit fyllda med smärta och sår.
Hur ska det gå för mig i den fruktansvärda sjön?
Snälla fräls mig!
Snälla se på mig!
Snälla fräls mig!
Snälla ha barmhärtighet mot mig!
Snälla fräls mig!
Snälla fräls mig!

När man en gång har hamnat i nedre graven

När livet på jorden är slut får ingen "en andra chans." Det enda som väntar på en är att man får bära bördan av varje gärning man har gjort.

När människor hör om himlens och helvetets existens säger somliga, "Jag får väl se när jag dött." Men när man har dött är det för sent. Eftersom det inte finns någon återvändo när man en gång har dött, måste man se till att man vet detta innan man dör.

När man väl har kastats ner i nedre graven spelar det ingen roll hur mycket man ångrar sig, omvänder sig och bönfaller Gud, man kan ändå inte undvika de oundvikliga och fruktansvärda straffen. Det finns inget framtidshopp utan bara ett ändlöst lidande och förtvivlan.

Själen som klagar som ovan vet mycket väl att det inte finns någon väg eller möjlighet till frälsning. Men trots det ropar själen till Gud, "utifall att." Själen ber om nåd och frälsning. Denna själs rop vänds till hjärtskärrande gråt, men skriken ekar bara genom helvetet och försvinner sedan. Och givetvis kommer det inget svar.

Men omvändelsen från människorna i nedre graven är inte uppriktig och äkta trots att det verkar som att de omvänder sig på ett sådant sätt som skapar medlidande. Eftersom ondskan i deras hjärtan fortfarande är där och de vet att deras skrik är fruktlösa börjar dessa själar ge näring åt ondskan och förbanna Gud. Detta visar oss orsaken till varför dessa individer inte kunde komma in i himlen.

2. Eldsjön och sjön som brinner av eld och svavel

I nedre graven kan dessa själar åtminstone bönfalla, förebrå, klaga och fråga sig själva, "Varför är jag här?" De fruktar också eldsjön och tänker på hur man skulle kunna fly från lidandet, "Hur kan jag fly från dessa helvetets budbärare?"

Men när de kastats i eldsjön kan de inte tänka på något annat än den gastkramande och ändlösa smärtan. Straffen i nedre graven är relativt lindriga om man jämför med eldsjön. Straffen i eldsjön är ofattbart smärtsamma. De är så smärtstamma att vi inte kan förstå eller ens föreställa oss det med vår begränsade kapacitet.

Häll salt på en kokhet stekpanna om du vill kunna föreställa dig åtminstone lite av plågan. Du kommer att se saltet smälla, och det liknar scenen i eldsjön: själarna är likt smällande salt.

Du kan också föreställa dig att du är i en bassäng med kokande vatten, som är uppmätt till 100°C. Eldsjön är mycket hetare än kokande vatten, och sjön som brinner av eld och svavel är sju gånger hetare än eldsjön. När man väl kastas i den finns det ingen flyktväg och man kommer lida i evigheternas evighet. Den första, andra, tredje, och fjärde straffnivån i nedre graven innan domen är betydligt lättare att uthärda.

Varför låter då Gud dem lida i nedre graven under tusen år för att sedan kasta dem i eldsjön eller sjön som brinner av eld och svavel? De ofrälsta människorna kommer tänka över sina egna liv. Gud vill att de ska komma fram till vad som gjorde att de hamnade på en sådan fruktansvärd plats som helvetet, och helhjärtat omvända sig från sina synder i det förgångna. Men det är extremt svårt att hitta människor som omvänder sig, de snarare växer i ondska mer än tidigare. Nu vet vi varför Gud måste ha gjort helvetet.

Bli saltad med eld i eldsjön

Medan jag bad under 1982 visade Gud mig en scen från domen vid den stora vita tronen, och kort om eldsjön och sjön som brinner av eld och svavel. Dessa två sjöar var väldigt, väldigt stora.

På avstånd såg jag de två sjöarna och själarna i dem som människor i heta källor. Somliga var nedsänkta till bröstkorgen medan andra så långt ner att endast deras huvuden syntes över ytan.

I Markus 9:48-49 talar Jesus om helvetet som en plats *"där deras mask inte dör och elden inte släcks. Ty var och en skall saltas med eld."* Kan du föreställa dig smärtan i en sådan fruktansvärd miljö? När dessa själar försöker fly är allt de kan göra att hoppa upp som smällande salt och gnissla tänder.

Ibland hoppar människor upp och ner i den här världen när de leker eller dansar sent om natten på nattklubbar. Efter en stund blir de trötta och vilar om de vill. Men i helvetet hoppar själarna inte av glädje utan på grund av extrem smärta och naturligtvis finns det ingen vila för dem även om de önskar den. De ropar ut i smärta så högt att de blir yra i huvudet och deras glansiga ögon blir mörkblå och spöklikt blodsprängda. Deras hjärnor brister och vätska sprutar ut.

Men oavsett hur desperat de försöker kan själarna inte ta sig ut. De försöker att knuffa undan varandra och trampa på varandra men det är hopplöst. Varje millimeter av eldsjön, vars andra sida är utom synhåll, har samma temperatur, och sjöns temperatur mattas inte av med tiden. Fram tills domen vid den stora vita tronen har nedre graven styrts på Lucifers kommando, och alla straff har delats ut med Lucifers kraft och auktoritet.

Men efter domen kommer straffen ges av Gud och administreras efter Hans plan och kraft. Därför kan temperaturen i eldsjön alltid ha samma styrka.

Elden gör att själarna lider men den dödar dem inte. Precis som kroppsdelarna på själarna i nedre graven blir återställda till och med efter att de blivit skurna eller sönderrivna i bitar, blir kropparna till själarna i helvetet snabbt återställda efter att de blivit brända.

Hela kroppen och organen däri blir brända

Hur blir själarna i eldsjön straffade? Har du någonsin sett bilder i serietidningar, tecknade filmer eller tv då en figur blivit elektrifierad av "högspänningselektricitet"? I den stunden då den blir elektrifierad blir hans kropp ett skelett med en mörkfärgad kontur runt hans kropp. När han släpps från elektricitetsflödet verkar han normal. Eller som när man ser röntgenbilder som visar de inre delarna av människokroppen.

På liknande sätt är det för själarna i eldsjön som ena stunden visas i sin fysiska form och i den andra ser man inte kroppen längre och bara deras ande är synlig. Detta mönster upprepar sig själv. I den brinnande elden blir själarnas kroppar uppbrända på ett ögonblick och försvinner, och snart återställs de igen.

Om man i den här världen drabbas av tredje gradens brännskada kan det hända att man inte kan uthärda den kvävande känslan man upplever i hela kroppen och till slut förlora sina sinnen. Ingen kan förstå denna smärta förrän man har gått igenom den själv. Du kanske inte skulle stå ut ens om du brände dina armar.

Den kvävande känslan försvinner inte direkt efter brännskadan utan fortsätter i några dagar. Hettan från elden tränger sig in i kroppen och skadar celler, ibland till och med hjärtat. Hur mycket smärtsammare kommer det då vara att få hela sin kropp och inre organ brända, bara för att få dem återställda och brända på nytt?

Själarna i eldsjön kan inte stå ut med smärtan med den kan inte svimma, dö eller vila ens en sekund.

Sjön som brinner av eld och svavel

Eldsjön är platsen med straff för dem som begått relativt lätta synder och som led på den första eller andra straffnivån i nedre graven. De som har begått större synder och lidit på tredje och fjärde straffnivån i nedre graven kommer hamna i sjön som brinner av eld och svavel, som är sju gånger hetare än eldsjön. Som det nämnts tidigare är sjön som brinner av eld och svavel tänkt för följande människor: de som talat emot, stått emot, och hädat den Helige Ande; de som korsfäste Jesus Kristus på nytt; de som bedrog Honom; de som fortsatte att synda medvetet, stora avgudadyrkare; de som syndade tills deras samveten blev brännmärkta; alla de som stått emot Gud med onda gärningar; och falska profeter som lärde ut lögn.

Hela eldsjön är fylld med "röd" eld. Sjön som brinner av eld och svavel är fylld med mer "gul" eld än "röd" och den kokar alltid med bubblor stora som kalebasser här och där. Själarna i denna sjö är fullständigt nedsänkta i den kokande och brinnande svavelvätskan.

Överväldigade av smärta

Hur kan man förklara smärtan i sjön som brinner av eld och svavel som är sju gånger hetare än eldsjön där smärtan också är ofattbar?

Låt mig förklara med en analog om något i den här världen. Om någon var tvungen att dricka en vätska som är stark nog att smälta en smältugn, hur smärtsamt skulle det vara? Hans inre organ skulle bli brända när hettan som är stark nog att smälta hårt järn till vätska kommer ner i hans hals och mage.

I eldsjön kan själarna åtminstone hoppa och ropa ut sin smärta. Men i sjön som brinner av eld och svavel kan själarna varken sucka eller tänka utan är fullständigt upptagna av smärtan. Den grad av lidande och ångest som man måste stå ut med i sjön som brinner av eld och svavel kan inte beskrivas med någon bild eller med ord. Där måste själarna lida för evigt. Hur kan en sådan tortyr ens beskrivas med ord?

3. Somliga förblir i nedre graven även efter domen

Frälsta människor från gammaltestamentlig tid har varit i övre graven ända tills Jesus Kristus uppstod, och efter Hans uppståndelse kom de in i paradiset, och väntar på en väntplats i paradiset till dess Hans andra ankomst i skyn äger rum. Frälsta människor från nytestamentlig tid får å andra sidan stanna för anpassning i övre graven i tre dagar och sedan komma in på väntplatsen i paradiset och vänta där tills Jesu Kristi andra ankomst i skyn.

Men ofödda barn som dör i sin mammas mage hamnar inte i paradiset varken efter Jesu Kristi uppståndelse eller ens efter domen. De bor i övre graven för evigt.

På samma sätt finns det undantag för de som för närvarande lider i nedre graven. Dessa själar kastas varken i eldsjön eller i sjön som brinner av eld och svavel ens efter domen. Vilka är de?

Barn som för före puberteten

Bland de ofrälsta finns aborterade foster från sex månader och uppåt i graviditeten och barn före pubertetsåldern, omkring 12 år gamla. Dessa själar kastas varken i eldsjön eller i sjön som brinner av eld och svavel. Det beror på att trots att de kom till nedre graven på grund av deras egen ondska, hade de vid sin död inte mognat tillräckligt för att kunna göra egna val på egen hand. Det betyder att deras liv i tro kanske inte hade blivit den väg de hade valt eftersom de så lätt kunde influeras av externa element som föräldrar, äldre, och omgivningen.

Kärlekens och rättvisans Gud tar dessa faktorer i beaktning och kastar dem inte i eldsjön eller i sjön som brinner av eld och svavel efter domen. Det betyder dock inte att deras straff kommer att förminskas eller försvinna. De kommer att straffas för evigt på samma sätt som de straffades i nedre graven.

Eftersom syndens lön är döden

Förutom det undantaget kommer alla människor i nedre graven kastas i eldsjön eller i sjön som brinner av eld och svavel efter de synder de har begått medan de kultiverades på jorden. I Romarbrevet 6:23 står det att, *"Ty syndens lön är döden, men Guds gåva är evigt liv i Kristus Jesus, vår Herre."* Här betyder "död" inte slutet på jordelivet, utan det eviga straffet i antingen eldsjön eller i sjön som brinner av eld och svavel. Det fruktansvärda och gastkramande lidandet i det eviga straffet är syndens lön, och därför förstår du att synd är fruktansvärt, smutsigt och avskyvärt.

Om människor bara visste lite om det eviga lidandet i helvetet, skulle de då inte bli rädda för att hamna i helvetet? Hur kan de inte acceptera Jesus Kristus, lyda, och leva efter Guds ord?

Jesus sa följade till oss i Markus 9:45-47:

Och om din fot förleder dig till synd, så hugg av den! Det är bättre för dig att gå in i livet halt än att ha båda fötterna i behåll och kastas i Gehenna. Och

> *om ditt öga förleder dig till synd, så riv ut det! Det är bättre för dig att gå in i Guds rike med ett öga än att med båda ögonen i behåll kastas i Gehenna.*

Det är bättre att man hugger av sig sina fötter om man går till ställen man inte borde gå än att hamna i helvetet. Det är bättre att man hugger av sig sina händer om man syndar genom att göra sådant man inte borde göra istället för att hamna i helvetet. På samma sätt är det bättre att riva ut ens ögon om man begår synder genom att se på sådant man inte borde se på.

Men med den nåd som Gud fritt och för intet har gett oss behöver vi inte hugga av oss våra händer och fötter, eller riva ut våra ögon för att komma in i himlen. Det beror på att vårt syndfria och fläckfria Lamm, Herren Jesus Kristus, blev korsfäst i vårt ställe, blev genomborrad med spikar i sina händer och fötter, och bar en törnekrona.

Guds Son kom för att göra slut på djävulens gärningar

Den som därför tror på Jesu Kristi blod är förlåten, befriad från straffen i eldsjön eller i sjön som brinner av eld och svavel, och blir belönad med evigt liv.

1 Johannes 3:7-9 säger oss, *"Kära barn, låt ingen föra er vilse. Den som gör det rätta är rättfärdig liksom han är rättfärdig. Den som gör synd är av djävulen, ty djävulen har syndat ända från begynnelsen. Och Guds Son uppenbarades för att han skulle göra slut på djävulens gärningar. Den som är född av Gud gör inte synd, ty Guds säd förblir i honom. Han*

kan inte synda, eftersom han är född av Gud."

Synd är mer än en handling som t ex att stjäla, mörda och lura människor. Ondska i ens hjärta är en mycket allvarligare synd. Gud avskyr ondska i våra hjärtan. Han hatar onda hjärtan som dömer och fördömer andra, onda hjärtan som hatar och felar, onda hjärtan som är fulla av list och bedrägeri. Hur skulle himlen vara om människor med sådana hjärtan tilläts komma in och bo där? Det skulle uppstå gräl om rätt och fel till och med i himlen och Gud tillåter inte onda människor att komma in i himlen.

Om du därför blir ett Guds barn utrustad med kraft i Jesu Kristi blod kan du därför inte följa osanningen mer eller tjäna som en slav till djävulen, utan leva i sanningen som ett Guds barn, som är Ljuset själv. Bara då kan du äga himlens härlighet, få välsignelsen att njuta av auktoriteten som Guds barn och ha framgång till och med i den här världen.

Du får inte begå synder och samtidigt bekänna din tro

Gud älskar oss så mycket att Han sände sin älskade, oskyldige, och ende Son för att dö för oss på ett kors. Kan du då föreställa dig hur Gud sörjer och upprörs över att se dem som hävdar att de är "Guds barn" synda under djävulens inflytande, och framskrida snabbt på vägen till helvetet?

Jag ber dig om att inte synda utan lyda Guds befallning och se dig själv som Guds dyrbara barn. När du gör det kommer alla dina böner att bli besvarande mycket snabbare och du kommer att bli Guds sanna barn och till slut, också få bo och leva i det underbara Nya Jerusalem. Du kommer också få kraft och auktoritet att driva undan mörker från dem som ännu inte känner sanningen, som fortfarande syndar, och blir slavar till djävulen. Du kommer bli utrustad med kraft till att leda dem till Gud.

Må du bli ett sant Guds barn, ta emot svar på alla dina böner och förfrågningar, förhärliga Honom så att du kan nå Guds härlighet, skinande som solen i himlen.

4. Onda andar hålls inspärrade i avgrunden

I ordboken Webster's New World College Dictionary, definieras termen "abyssen" som "en bottenlös avgrund", "bred klyfta" eller "något som är för djupt för att mätas." I Bibeln betyder avgrunden den djupaste och nedersta delen i helvetet. Det är endast reserverat för de onda andarna som inte längre behövs för den mänskliga kultiveringen.

> *Och jag såg en ängel komma ner från himlen med nyckeln till avgrunden och en stor kedja i handen. Och han grep draken, den gamle ormen, det är Djävulen och Satan, och band honom för tusen år. Sedan kastade ängeln honom i avgrunden, stängde till den och förseglade den över honom, för att han inte längre skulle bedra folken, förrän de tusen åren har nått sitt slut. Därefter skall han släppas lös för en kort tid* (Uppenbarelseboken 20:1-3).

Detta är en beskrivning på en tid mot slutet av de sju åren av den stora vedermödan. Efter Jesus Kristi ankomst kommer onda andar kontrollera världen under sju år, under vilken det tredje världskriget och andra hemska katastrofer kommer förlösas över världen. Efter den stora vedermödan kommer tusenårsriket under vilken de onda andarna blir inspärrade i avgrunden. Mot slutet av tusenårsriket blir de onda andarna frisläppta under en kort tid och när domen vid den stora vita tronen är färdig kommer de återigen bli inspärrade i avgrunden, och denna gång för gott. Lucifer och hans tjänare kontrollerar mörkrets värld men efter domen kommer himlen och helvetet endast styras av Guds kraft.

Onda andar är endast instrument för den mänskliga kultiveringen

Vad för straff kommer de onda andarna som har förlorat all kraft och auktoritet få i avgrunden?

Innan vi går vidare ska vi komma ihåg att onda andar tjänar och existerar endast som instrument för den mänskliga kultiveringen. Varför kultiverar Gud människor på jorden trots att det finns mängder av himmelska härar och änglar i himlen? Det beror på att Gud vill ha sanna barn som Han kan dela sin kärlek.

Låt mig ge dig ett exempel. Genom hela Koreas historia har adeln ofta haft många tjänare i sina hushåll. Tjänare skulle lyda oavsett vad deras herre befallde. Tänk dig att en herre har trotsiga söner och döttrar som inte lyder honom utan bara gör vad de själva vill. Betyder det att han kommer älska sin lydige tjänare mer än sina trotsiga barn? Han kan inte hjälpa att han älskar sina barn trots att det inte är de som är mest lydiga.

Likadant är det med Gud. Han älskar människor skapade i Hans avbild oavsett hur många lydiga himmelska härar och änglar Han har. Himmelska härar och ängar är mer som robotar som bara gör det som de blir tillsagda att göra. Därför är de inte kapabla att dela sann kärlek med Gud.

Det betyder självfallet inte att änglar och robotar är likadana i alla aspekter. Robotar gör å ena sidan som de blir befallda, saknar fri vilja och kan inte känna någonting. Änglar å andra sidan är som människor som kan känna glädje och sorg.

När du känner glädje eller sorg har inte änglar samma känslor som du, utan kan bara känna en aning av det du känner. När du därför prisar Gud prisar änglarna Honom tillsammans med dig. När du dansar för att förhärliga Gud kommer de också dansa och till och med att spela instrument tillsammans. Dessa drag skiljer dem från robotar. Men änglar och robotar är lika i det att de båda saknar fri vilja och endast gör det som de blivit tillsagda att göra, skapade och använda enbart som redskap eller instrument.

Som änglarna är onda andarna inget annat än redskap för den mänskliga kultiveringen. De är som maskiner som inte kan skilja mellan gott och ont, skapade för ett specifikt syfte, och de används för ett ont syfte.

De onda andarna inspärrade i avgrunden

Lagen i den andliga världen dikterar att "syndens lön är

döden" och "vad en människa sår får hon skörda." Efter den stora domen kommer själarna i Nedre Graven lida i eldsjön eller i sjön som brinner av eld och svavel i enlighet med den här lagen. Det beror på att de valde det onda med sin fria vilja och sina känslor medan de kultiverades här på jorden.

De onda andarna, förutom demonerna, behövs inte för den mänskliga kultiveringen. Därför kommer dessa även efter domen att bli inspärrade i den mörka och kalla avgrunden, övergivna som skräp. Det är det mest passande straffet för dem.

Guds tron är lokaliserad i mitten och längst upp i himlen. För de onda andarna är det precis motsatsen, de spärras in i den djupaste och mörkaste platsen i helvetet. De kan inte röra sig bekvämt i den mörka och kalla avgrunden. Som om de vore pressade av stora klippstenar kommer de onda andarna för evigt vara inspärrade i en fixerad position.

Dessa onda andar hade en gång tillhört himlen och hade underbara uppgifter. Efter deras fall använde de fallna änglarna sin auktoritet på sitt eget sätt i mörkrets värld. Men de blev besegrade i ett krig som de hade startat mot Gud och allt tog slut. De hade förlorat hela härligheten och värdet som himmelska varelser. Som en symbol på förbannelse och förnedring har vingarna på dessa fallna änglar blivit sönderrivna i avgrunden.

En ande är en evig och odödlig varelse. Ändå kan en ond ande i avgrunden inte ens röra ett finger, har inga känslor, vilja eller kraft. De är som maskiner som har blivit avstängda, eller dockor som har kastats bort och till och med verkar förstenade.

En del av helvetets budbärare förblir i nedre graven

Det finns ett undantag till denna regel. Som nämnt tidigare kommer barn under cirka tolv år stanna kvar i nedre graven till och med efter domen. För att dessa barns straff ska kunna fortsätta är det nödvändigt att helvetets budbärare fortsätter att arbeta där.

Dessa helvetets budbärare blir inte inspärrade i avgrunden utan förblir i nedre graven. De uppträder som robotar. Innan domen kunde de ibland skratta och glädja sig över synen av själarna som torterades, men det var inte för att de själva hade några känslor. Det var Lucifers kontroll som hade mänskliga karaktärsdrag, som drev helvetets budbärare till att uttrycka känslor. Efter domen kommer de dock inte längre vara kontrollerade av Lucifer, utan kommer att arbeta utan känslor, likt maskiner.

5. Var hamnar demonerna?

Till skillnad från fallna änglar, drakar och deras efterföljare som skapades innan universum är demoner inga andliga varelser. De var en gång i tiden människor, gjorda av stoft, hade ande, själ och kropp som oss. Det finns dem som kultiverades i den här världen men som dog utan att ta emot frälsningen och dessa släpps under speciella omständigheter in i världen igenom som demoner.

Hur blir en människa en demon? Det finns vanligtvis fyra

sätt som människor blir demoner på.

Det första sättet är då människor som har sålt sin ande och själ till Satan.

Människor som praktiserar trolldom och söker hjälp och kraft från onda andar för att tillfredsställa sin girighet och begär, som exempelvis trollkarlar, kan bli demoner när de dör.

Det andra sättet är då människor har begått självmord i sin egen ondska.

Om människor avslutat sina liv på egen hand för att de misslyckats i affärer eller av andra orsaker har de ignorerat Guds suveränitet över livet och kan bli demoner. Men det är inte samma sak att offra sitt liv för sitt land eller att hjälpa de hjälplösa. Om en människa som inte vet hur man simmar ändå hoppar i vattnet för att rädda någon annan, på bekostnad av hans eget liv, var det för ett gott och ädelt syfte.

Det tredje sättet är då människor som en gång har trott på Gud börjar förneka Honom och säljer sin tro.

Somliga troende går emot Gud och blir upproriska när de möter stora svårigheter eller förlorar någon eller något väldigt dyrbart för dem. Charles Darwin, evolutionsteorins pionjär, trodde på Gud Skaparen. När hans älskade dotter dog i prematur födsel började Darwin förneka Gud och blev en motståndare till Gud och lanserade evolutionsteorin. Sådana människor begår synden av att korsfästa Jesus Kristus, vår Återlösare, på nytt (Hebreerbrevet 6:6).

Det fjärde och sista sättet är då människor hindrar och står emot och hädar den Helige Ande trots att de tror på Gud och känner sanningen (Matteus 12:31-32; Lukas 12:10).

Idag finns det många människor som tydligt bekänner sin tro på Gud men ändå står emot, hindrar och hädar den Helige Ande. Trots att dessa människor har sett otaliga gärningar från Gud fortsätter de att döma och fördöma andra, hindra den Helige Andes gärningar, och försöker förgöra kyrkor som efterföljs av Hans gärningar. Om de gör sådant som ledare blir deras synd ännu grövre.

När dessa syndare dör kastas de ner i nedre graven och tar emot den tredje eller fjärde straffnivån. Faktum är att vissa av dessa själar blir demoner och släpps åter in i denna värld. För mer information om demoner hänvisas läsaren till budskapsserien med titeln "De onda andarnas värld."

Demoner kontrollerade av djävulen

Ända till domen har Lucifer fullständig auktoritet över mörkrets värld och nedre graven. Därför har Lucifer också kraft att utvälja vissa själar från nedre graven som passar bäst för hans verk och använda dem i denna värld som demoner.

När dessa själar väl har blivit utvalda och insläppta i världen igen har de ingen fri vilja eller egna känslor längre, till skillnad från hur det var under deras levnadstid. I enlighet med Lucifers vilja kontrolleras de av djävulen och tjänar endast som instrument för att uppfylla de mål som de onda andarnas värld har.

Demonerna frestar människorna på jorden att älska världen. Vissa av dagens mest fruktansvärda synder och brott sker inte av en tillfällighet utan har gjorts möjliga genom demoners verk i enlighet med Lucifers vilja. Demoner kommer in i människor efter lagen i den andliga världen och leder dem till helvetet. Ibland gör demoner människor handikappade och ger dem sjukdomar. Detta betyder förstås inte att alla slags deformiteter eller sjukdomar kan tillskrivas demoner men somliga fall kommer genom demoner. Vi finner en demonbesatt pojke i Bibeln som hade varit stum sedan barnaåren (Markus 9:17-24), och en kvinna som var handikappad på grund av en ande i 18 år och som inte kunde räta upp ryggen (Lukas 13:10-13).

I enlighet med Lucifers vilja har demoner fått i uppdrag att utföra de lättaste uppgifterna i mörkrets värld men de kommer inte att spärras in i avgrunden efter domen. Eftersom demonerna en gång varit människor och blivit kultiverade kommer de tillsammans med dem som fick tredje eller fjärde straffnivån i nedre graven bli kastade i sjön som brinner av eld och svavel efter domen vid den stora vita tronen.

Onda andar är rädda för avgrunden

En del av er som kommer ihåg Bibelns ord ser att det finns något annat att belysa. I Lukas 8 berättas det om en gång då Jesus mötte en demonbesatt man. När Han befallde demonen att komma ut ur mannen sa demonen, *"Vad har jag med dig att göra, Jesus, den högste Gudens Son? Jag ber dig: plåga mig inte!"* (Lukas 8:28) och bönfallde Jesus om att Han inte skulle sända den till avgrunden.

Demoner ska kastas i den sjö som brinner av eld och svavel, inte i avgrunden. Varför bad den då Jesus att inte sända den till avgrunden? Som nämnt ovan har demoner en gång varit människor och som sådana är de endast instrument som används för den mänskliga kultiveringen enligt Lucifers vilja. När då demonen talade till Jesus genom denne mans mun uttryckte den de onda andarnas hjärta, som kontrollerade den, inte det egna hjärtat. De onda andarna som styrs av Lucifer vet att när Guds kultivering av mänskligheten är färdig kommer de förlora all auktoritet och kraft och kommer för evigt bli inspärrade i avgrunden. Deras fruktan för framtiden som är så tydlig visades genom denna demons bönfallande.

Demonen användes vidare som ett instrument så att dessa onda andars fruktan likväl som deras slut skulle bli nerskrivet i Bibeln.

Varför avskyr demoner vatten och eld?

Tidigare i min tjänst arbetade den Helige Ande så kraftfullt i min församling att blinda började se, stumma började tala, människor med polio började gå och onda andar drevs ut. Nyheterna spreds sig över hela landet och många sjuka kom. På den tiden bad jag själv personligen för de demonbesatta, och demonerna, som andliga varelser, visste i förväg att de skulle drivas ut. Ibland kunde demonerna bönfalla mig, "Snälla, sänd oss inte till vatten, eller eld!" Naturligtvis kunde jag inte bevilja deras begäran.

Varför hatar då demoner vatten och eld? Bibeln har nertecknat deras avsky mot vatten och eld mycket väl. När jag återigen bad om en uppenbarelse om detta talade Gud om för mig att andligt vatten står för liv, mer specifikt Guds ord som är Ljuset själv. Vidare symboliserar elden den Helige Andes eld. Demoner som alltså representerar själva mörkret kommer förlora sin kraft och auktoritet när de drivs ut in i eld eller vatten.

I Markus 5 utspelar sig en händelse då Jesus befaller demonen "Legion" att komma ut ur en man och demonerna bad Honom att sända dem till svinen (Markus 5:12). Jesus gav dem tillstånd och de onda andarna kom ut ur mannen och in i svinen. Det var omkring två tusen svin och de rusade utför en klippbrant, ner i sjön och drunknade. Jesus gjorde detta för att se till att dessa demoner inte längre skulle kunna arbeta för Lucifer genom att dränka dem i sjön. Detta betyder inte att demonerna drunknade; de förlorade endast sin kraft. Det är därför Jesus säger oss, *"När en oren ande har farit ut ur en människa, vandrar han genom ökentrakter och letar efter en viloplats men finner ingen"* (Matteus 12:43).

Guds barn behöver ha tydlig kunskap om den andliga världen för att kunna visa Guds kraft. Demoner skakar av fruktan om du driver ut dem med den fulla kunskapen om den andliga världen. Men de kommer inte skaka, än mindre drivas ut om du bara säger "Du demon, försvinn ut och gå till vattnet! Gå till elden!" utan att ha den andliga kunskapen.

Lucifer kämpar för att etablera sitt rike

Gud är den överflödande kärlekens Gud men Han är också

rättens Gud. Oavsett hur barmhärtig och förlåtande någon kung i den här världen kan vara kan de inte vara ovillkorligen barmhärtiga och förlåtande hela tiden. När det finns tjuvar och mördare i ett land borde en kung ta dem tillfånga och straffa dem i enlighet med landets lagar för att kunna upprätthålla frid och säkerhet för sitt folk. Även om det är hans älskade son eller andra han älskar som begått allvarliga brott som till exempel förräderi, har kungen inget annat val än att straffa dem i enlighet med lagen.

På samma sätt är det med Guds kärlek som är en sådan kärlek att den är i linje med den strikta ordningen i den andliga världen. Gud hade storligen älskat Lucifer innan han svek och till och med efter sveket gav Gud Lucifer fullständig auktoritet över mörkret, men den enda belöning som Lucifer kommer få är inspärrning i avgrunden. Eftersom Lucifer redan vet detta kämpar han för att etablera sitt rike och få det att stå stadigt. Av denna orsak dödade Lucifer många av Guds profeter för två tusen år sedan och innan dess. När Lucifer för två tusen år sedan fick höra talas om Jesu födelse försökte han döda Jesus genom kung Herodes för att förhindra Guds rike att etableras och på så sätt bevara mörkrets rike. Efter att Herodes hade blivit intagen av Satan gav han order att döda alla pojkar i landet som var två år och yngre (Matteus 2:13-18).

Förutom det har Lucifer de senaste två millennierna hela tiden försökt slakta och döda varenda en som uppvisat Guds underfulla kraft. Ändå kan Lucifer inte vinna över Gud eller överstiga Hans visdom och hans slut kommer endast vara avgrunden.

Kärleken Gud väntar och ger möjligheter till omvändelse

Alla människor på jorden måste dömas i enlighet med sina gärningar. För den orättfärdige väntar förbannelser och straff och för den gode väntar välsignelser och härlighet. Men Gud som själv är kärleken kastar inte människor som har syndat direkt i helvetet. Han väntar tålmodigt på att människor ska omvända sig som det står i 2 Petrusbrevet 3:8-9, *"Men glöm inte detta, mina älskade, att en dag för Herren är som tusen år och tusen år som en dag. Herren dröjer inte med att uppfylla sitt löfte, så som en del menar. Nej, han har tålamod med er, eftersom han inte vill att någon skall gå förlorad utan att alla skall få tid att omvända sig."* Detta är kärlekens Gud om vill att alla människor ska ta emot frälsningen.

Genom detta budskap om helvetet borde du komma ihåg att Gud också var tålmodig och väntade på alla dem som blir straffade i nedre graven. Denna kärlekens Gud beklagar sig över själarna som blivit skapade till Hans avbild och som nu lider och kommer lida i åratal framöver.

Om människor inte accepterar evangeliet innan det är slut eller hävdar att de tror men fortsätter synda kommer dessa människor förlora alla möjligheter till frälsning och hamna i helvetet, trots Guds tålamod och kärlek.

Det är därför som vi troende alltid borde sprida evangeliet oavsett om vi har möjlighet eller inte. Låt oss tänka oss att det brann i ditt hus medan du var ute. När du kom hem stod huset i lågor och dina barn sov där inne. Skulle du då inte göra allt du kunde för att rädda dina barn? Guds hjärta brister ännu mer när

Han ser människor som är skapade i Hans avbild begå synder och hamna i helvetets eviga flammor. Kan du då på samma sätt se hur lycklig Gud skulle bli om Han såg människor leda andra människor till frälsning?

Du behöver förstå Guds hjärta som älskar alla människor och sörja över dem som är på väg till helvetet, på samma sätt som Jesu Kristi hjärta inte vill förlora en enda person. Nu när du har läst om hemskheterna och det förskräckliga helvetet kanske du kan förstå varför Gud är så glad över människors frälsning. Jag hoppas att du ska förstå detta och känna Guds hjärta så att du sprider de goda nyheterna och leder människor till himlen.

Kapitel 9

Varför var kärlekens Gud tvungen att göra helvetet?

1. Guds tålamod och kärlek
2. Varför var kärlekens Gud tvungen att göra helvetet?
3. Gud vill att alla människor skall ta emot frälsningen
4. Frimodigt sprida evangeliet

*"[Gud] som vill att alla människor skall bli frälsta
och komma till insikt om sanningen."*
- 1 Timoteusbrevet 2:4 -

*"Han har sin kastskovel i handen och skall rensa
sin tröskplats och samla sitt vete i logen, men agnarna
skall han bränna upp i en eld som aldrig släcks."*
- Matteus 3:12 -

Varför var kärlekens Gud tvungen att göra helvetet?

För cirka två tusen år sedan vandrade Jesus genom byar och städer i Israel, predikade de goda nyheterna och botade alla sjukdomar. Jesus hade alltid medlidande för människorna Han mötte eftersom de var plågade och hjälplösa, som får utan herde (Matteus 9:36). Det fanns många människor som skulle bli frälsta, men det fanns ingen som kunde ta hand om dem. Även om Jesus nitiskt hade gått runt i byarna och besökt människorna kunde Han inte ta hand om dem alla, en i taget.

I Matteus 9:37-38 sa Jesus till sina lärjungar, *"Och han sade till sina lärjungar: Skörden är stor, men arbetarna är få. Be därför skördens Herre att han sänder ut arbetare till sin skörd."* Mycket behövda var arbetarna som i Jesu ställe skulle undervisa alla människor om sanningen med brinnande kärlek och driva undan mörkret från dem.

Nu för tiden är så många människor slavar under synden, lider i sjukdom, fattigdom och sorger och är på väg till helvetet – bara för att de inte känner till sanningen. Vi måste förstå Jesu hjärta som söker arbetare till skördefältet så att vi inte bara tar emot frälsning utan också säger till Honom "Här är jag! Sänd mig, Herre!"

1. Guds tålamod och kärlek

Det fanns en son som var mycket älskad av sina föräldrar. En dag frågade denne sonen sina föräldrar om han kunde få ut sin del av förmögenheten. De gjorde som han ville även fast de inte riktigt kunde förstå honom, eftersom de ändå skulle ge honom allt senare. Sonen åkte utomlands med sin del av förmögenheten. Trots att han till en början hade drömmar och ambitioner började han kasta sig ut i nöjen och passion för världen och förslösade all sin förmögenhet till slut. Landet gick igenom ekonomisk kris så han blev allt fattigare. En dag berättade någon för hans föräldrar om vad deras son gick igenom, att han blivit tiggare på grund av livets vändningar och föraktades av alla.

Hur kände hans föräldrar inför detta? De kanske först blev arga, men snart började de oroa sig för honom och tänkte, "Vi förlåter dig, vår son. Kom bara hem fort!"

Gud accepterar barn som återvänder med omvändelse

Dessa föräldrars hjärtan är nerskrivet i Lukas kapitel 15. Fadern vars son hade farit iväg till ett avlägset land väntade på sin son vid porten varje dag. Fadern väntade så desperat på att hans son skulle återvända att när sonen gjorde det kände fadern omedelbart igen honom till och med på avstånd och sprang sin son till mötes och kastade glädjefullt sina armar omkring honom. Fadern klädde den omvände sonen i den bästa manteln och sandalerna, slaktade gödkalven och höll en fest till sonens ära.

Det här är Guds hjärta. Han förlåter inte bara alla som uppriktigt omvänder sig, oavsett hur allvarlig synd man har begått, utan också tröstar och utrustar dem för att kunna göra bättring. När en person blir frälst av tro gläder sig Gud och firar händelsen tillsammans med den himmelska hären och änglarna.

Vår barmhärtige Gud är kärleken själv. Som fadern väntade på sin son, väntar Gud ivrigt på att alla människor ska vända om från synden och ta emot frälsning.

Kärlekens Gud och förlåtelse

Genom Hosea kapitel 3 kan man få en inblick i den överflödande barmhärtigheten och medlidandet som vår Gud har, som alltid är villig att förlåta och som till och med älskar syndare.

En dag befallde Gud Hosea att gifta sig med en prostituerad kvinna. Hosea lydde och gifte sig med Gomer. Några år senare hände det sig dock att Gomer inte kunde bevara sitt hjärta och började älskade en annan man. Hon fick också betalt som en prostituerad och började älska en annan man. Gud sa då till Hosea, *"Gå och älska din hustru igen, fastän hon älskas av en annan och har begått äktenskapsbrott. Älska henne som jag, HERREN, älskar Israels barn, fastän de vänder sig till andra gudar och älskar druvkakor"* (Hosea 3:1). Gud befallde Hosea att älska sin hustru som hade bedragit honom och lämnat hemmet för att vara med en annan man. Hosea tog med sig Gomer hem efter att ha betalat femton siklar silver och en homer och en letek korn (Hosea 3:2). Hur många människor kan göra något sådant? Efter att Hosea hade fört Gomer hem sa han till henne, *"Under lång tid skall du vara hos mig. Bedriv inte otukt och ge dig inte åt någon annan man. Jag skall vara hos dig"* (Hosea 3:3). Han fördömde inte henne och hatade henne inte utan förlät henne med kärlek och bad henne att aldrig lämna honom igen.

I människors ögon här i världen verkade Hosea väldigt dåraktig men hans hjärta symboliserar Guds hjärta. På det sättet som Hosea äktade en prostituerad kvinna älskade Gud oss först som hade lämnat Honom och Han till och med befriade oss.

Efter Adams olydnad var alla människor genomsyrade av synd. Som Gomer var man inte värd Guds kärlek. Men trots detta älskade Gud människan och utgav sin enfödde Son Jesus till att korsfästas. Denne Jesus blev piskad, bar en törnekrona och blev fastspikad genom sina händer och fötter så att Han skulle kunna frälsa oss. Till och med när Han hängde döende på korset bad Han, "Fader, förlåt dem." Även nu när vi talar står Jesus inför Gud Faderns tron i himlen och ber för alla syndare.

Ändå är det så många människor som inte känner till Guds kärlek och nåd. Istället älskar de världen och fortsätter synda eftersom det är deras kötts begär. Somliga lever i mörker för att de inte känner sanningen. Andra känner sanningen men allteftersom tiden går förändras deras hjärtan och de begår synder på nytt. När man har blivit frälst måste man fortsätta att helga sig själv. Men deras hjärtan blir korrumperade och nersmutsade till skillnad från tiden då de först tog emot den Helige Ande. Det är därför som dessa människor till och med begår samma slags ondska som de en gång gjort sig av med.

Gud vill fortfarande förlåta och älska människorna trots att de har syndat och älskar världen. Precis som Hosea förde hem sin otrogna hustru som älskade en annan man, väntar Gud på att Hans barn som har syndat ska återvända och omvända sig.

Därför behöver vi förstå Guds hjärta som har uppenbarat för

oss budskapet om helvetet. Gud vill inte skrämma oss; Han vill bara att vi ska få veta hur hemskt det är i helvetet, att vi noggrant ska omvända oss och ta emot frälsning. Budskapet om helvetet ett sätt för Honom att uttrycka sin brinnande kärlek till oss. Vi måste också förstå varför Gud var tvungen att göra helvetet så att vi kan förstå Hans hjärta än djupare och sprida de goda nyheterna än mer till människor och frälsa dem från evigt straff.

2. Varför var kärlekens Gud tvungen att göra helvetet?

I 1 Mosebok 2:7 står det, *"Och HERREN Gud formade människan av stoft från jorden och blåste in livsande i hennes näsa. Så blev människan en levande varelse."*

1983 var året efter att dörrar öppnats för min församling och då visade Gud mig en vision där Adams skapelse visades. Gud formade Adam lyckligt och glatt från leran med omsorg och kärlek, som ett barn som leker med sin favoritleksak eller docka. Efter att Han försiktigt hade skapat Adam andades Gud sin andedräkt in i människans näsa. Eftersom vi fick andedräkten från Gud, som är ande, är vår ande och själ odödliga. Köttet som gjordes av leran kommer gå under och återvända till stoft, men vår ande och själ kommer leva för evigt.

Av den orsaken var Gud tvungen att förbereda plats för dessa andar att bo, och dessa platser är himlen och helvetet. Som nerskrivet i 2 Petrusbrevet 2:9-10 kommer människor som lever ett gudfruktigt liv bli frälsa och komma in i himlen, men orättfärdiga kommer bli straffade i helvetet.

> *Herren vet alltså att frälsa de gudfruktiga ur frestelsen och att hålla de orättfärdiga i förvar och straffa dem fram till domens dag, särskilt dem som i orent begär följer sin köttsliga natur och föraktar Herren. Fräcka och självsäkra skyggar de inte för att smäda höga makter...*

Guds barn kommer å ena sidan bo under Guds eviga styre i himlen. Därför kommer himlen alltid vara full av lycka och glädje. Å andra sidan är helvetet platsen för alla dem som inte accepterade Guds kärlek utan istället bedrog Honom och blev slavar under synden. I helvetet kommer de få fruktansvärda straff. Varför var då kärleken Gud tvungen att göra helvetet?

Gud skiljer agnarna från vetet

Som en bonde sår frön och kultiverar dem, kultiverar Gud människor i den här världen för att få sanna barn. När tiden för skörd är inne skiljer Han agnarna från vetet, och sänder vetet till himlen och agnarna till helvetet.

> *Han har sin kastskovel i handen och skall rensa sin tröskplats och samla sitt vete i logen, men agnarna skall han bränna upp i en eld som aldrig släcks* (Matteus 3:12).

"Vetet" symboliserar här alla dem som accepterat Jesus Kristus, försöker återfå Guds avbild och leva i enlighet med Hans ord. "Agnarna" är dem som inte accepterar Jesus Kristus som sin Frälsare, utan älskar världen och följer ondskan.

Som en bonde samlar vetet i ladorna och bränner upp agnarna eller använder det som gödsel i skörden för också Gud vetet till himlen och gör sig av med agnarna i helvetet.

Gud vill se till att vi känner till om nedre graven och helvetets existens. Lava under jordskorpan och eld påminner oss om de eviga straffen i helvetet. Om det inte fanns någon eld eller svavel på jorden, hur skulle vi då kunna ens föreställa oss de fruktansvärda scenerna i nedre graven och helvetet? Gud skapade dessa ting eftersom de är nödvändiga för kultiveringen av människorna.

Orsaken till att "agnarna" ska kastas i helvetets eld

En del frågar kanske, "Varför gjorde kärlekens Gud helvetet? Varför kunde Han inte låta också agnarna komma in i himlen?"

Himlens skönhet är mer än vad man kan föreställa sig eller beskriva. Himlens Herre, Gud, är helig utan någon fläck och skrynka och därför kan endast dem som gör Hans vilja komma in i himlen (Matteus 7:21). Om onda människor var i himlen tillsammans med människor fyllda av kärlek och godhet skulle det bli extremt svårt att leva i himlen och den vackra himlen skulle endast bli besmittad. Det är därför som Gud var tvungen att göra helvetet för att kunna skilja vetet till himlen och agnarna till helvetet.

Helvetet

Utan helvetet hade de rättfärdiga och de onda tvingats leva tillsammans. Om det skulle vara så skulle himlen bli en mörk plats fylld av skrik och ångestgråt. Men syftet med Guds kultivering av människorna är inte att skapa en sådan plats. Himlen är en plats utan tårar, sorg, plåga, och sjukdom, där Han kan dela sin överflödande kärlek med sina barn för evigt. Därför är helvetet en nödvändig plats där onda och värdelösa människor – agnarna – för evigt ska vara inspärrade.

Romarbrevet 6:16 säger, *"Vet ni inte att om ni gör er till slavar under någon och lyder honom, då är ni hans slavar och det är honom ni lyder, antingen under synden, vilket leder till död, eller under lydnaden, vilket leder till rättfärdighet?"* Även om de kanske inte vet om det är alla de som inte lever efter Guds ord slavar under synden och vår fiende Satan och djävulen. På den här jorden kontrolleras de av fienden Satan och djävulen; efter döden kastas de till de onda andarnas händer i helvetet och får alla slags straff.

Gud belönar alla efter vad han eller hon har gjort

Gud är inte bara kärlekens, barmhärtighetens och godhetens Gud utan också rättfärdigt och rättvis Gud som belönar oss alla efter våra gärningar. I Galaterbrevet 6:7-8 står det:

> *"Bedra inte er själva. Gud bedrar man inte: det människan sår skall hon också skörda. Den som sår i sitt kötts åker skall av köttet skörda undergång, men den som sår i Andens åker skall av Anden skörda evigt*

liv."

Om du å ena sidan sår böner och lovsång kommer du bli utrustad med kraft att leva efter Guds ord med kraft från himlen, och din ande och själ kommer bli hela. När du sår trogen tjänst, kommer alla dina delar – ande, själ och kropp – stärkas. När du sår pengar genom tionde eller tacksägelseoffer kommer du bli ekonomiskt välsignad i överflöd så att du kan så ännu mer in i Guds rike och rättfärdighet. Om du å andra sidan sår ondska kommer du få tillbaka den exakta mängd och storlek som den ondska du sått. Även om du är en troende kommer du möta svårigheter när du sår synder och laglöshet. Därför hoppas jag att du ska bli upplyst och lära dig detta med den Helige Andes hjälp så att du kan få evigt liv.

I Johannes 5:28-29 sa Jesus till oss att, *"Förvåna er inte över detta, ty den stund kommer, då alla som är i gravarna skall höra hans röst och gå ut ur dem. De som har gjort gott skall uppstå till liv, och de som har gjort ont skall uppstå till dom."* I Matteus 16:27 lovar Jesus oss, *"Människosonen skall komma i sin Faders härlighet med sina änglar, och då skall han löna var och en efter hans gärningar."*

Med en oerhörd träffsäkerhet kommer de rätta belöningarna och de rätta straffen bli utmätta till alla efter vad varje person har gjort. Om en person ska komma till himlen eller inte är inte upp till Gud utan upp till var och en som har den fria viljan, och alla kommer skörda vad han eller hon har sått.

3. Gud vill att alla människor skall ta emot frälsningen

Gud anser att en person skapad i Hans avbild är viktigare än hela universum. Därför vill Gud att alla människor ska tro på Jesus Kristus och ta emot frälsningen.

Gud gläder sig ännu mer när en syndare omvänder sig

Med ett herdehjärta som på mörka vägar letar efter det enda fåret som gått vilse trots att han har de andra nittionio i säkerhet (Lukas 15:4-7), gläder sig Gud ännu mer över en syndare som omvänder sig än nittionio rättfärdiga människor som inte behöver omvändelse.

Psalmisten skrev i Psaltaren 103:12-13, *"Så långt som öster är från väster låter han våra överträdelser vara från oss. Som en far förbarmar sig över barnen, så förbarmar sig HERREN över dem som fruktar honom."* Gud har också lovat i Jesaja 1:18 *"Kom, låt oss gå till rätta med varandra, säger HERREN. Om era synder än är blodröda, skall de bli snövita, om de än är röda som scharlakan, skall de bli vita som ull."*

Gud är Ljuset själv och i Honom finns inget mörker. Han är också godheten själv, som avskyr synd, men när en syndare kommer inför Honom och omvänder sig, kommer Gud inte längre ihåg hans synder. Istället omfamnar Gud och välsignar syndaren i sin obegränsade förlåtelse och varma kärlek.

Om du förstår Guds förunderliga kärlek bara till en liten del, borde du kunna möta varje människa med uppriktig kärlek. Du borde kunna ha medlidande med dem som är på väg mot helvetets eld, be uppriktigt för dem, dela de goda nyheterna med dem och besöka dem som har svag tro och styrka deras tro så att de kan stå stadigt.

Om ni inte vänder om

1 Timoteusbrevet 2:4 berättar för oss, *"[Gud] som vill att alla människor skall bli frälsta och komma till insikt om sanningen."* Gud vill så oerhört mycket att alla människor ska känna Honom, ta emot frälsning, och komma dit där Han är. Gud längtar efter ytterligare en att bli frälst, väntar på att människorna i mörkret och synden ska vända om till Honom.

Men även fast Gud har gett människor mänger av möjligheter att omvända sig, till den grad att Han offrade sin ende Son på korset, om de inte omvänder sig och dör, kvarstår endast detta faktum för dem. I enlighet med lagen i den andliga världen kommer de att skörda vad de har sått och betala tillbaka efter vad de har gjort och bli kastade i helvetet till slut.

Jag hoppas att du kommer att inse denna Guds förunderliga kärlek och rättvisa så att du kan ta emot Jesus Kristus och bli förlåten och även leva och uppträda efter Guds vilja så att du får lysa som solen i himlen.

4. Frimodigt sprida evangeliet

De som vet och verkligen tror att himlen och helvetet

existerar kan inte sluta evangelisera för de känner Guds hjärta alltför väl som vill att alla människor ska bli frälsa.

Utan människor att sprida de goda nyheterna

Romarbrevet 10:14-15 säger oss att Gud lovordar dem som sprider de goda nyheterna:

> *Men hur skulle de kunna åkalla den som de inte har kommit till tro på? Och hur skulle de kunna tro på den som de inte har hört? Och hur skulle de kunna höra, om ingen predikar? Och hur skulle några kunna predika, om de inte blev utsända? Det står skrivet: Hur ljuvliga är inte stegen av dem som förkunnar det goda budskapet.*

I 2 Kungaboken 5, finns det en berättelse om Naaman, en befälhavare i kung Arams armé. Naaman hade av sin kung utsetts till en högt uppsatt adelsman eftersom han många gånger hade räddat sitt land. Han blev berömd och rik och saknade ingenting. Men Naaman var spetälsk.

På den tiden var spetälska en obotlig sjukdom och ansågs vara en förbannelse från himlen, så Naamans tapperhet och rikedomar var nu värdelösa för honom. Inte ens hans kung kunde hjälpa honom.

Kan du föreställa dig Naamans hjärta, som såg sin en gång starka kropp ruttna bort och förtvina dag efter dag? Till och med hans familj höll sig på avstånd från honom av fruktan att de också skulle bli smittade av sjukdomen. Så kraftlös och hjälplös Naaman måste ha känt sig.

Men Gud hade en god plan för Naaman, denne hedniske befälhavaren. De hade en tjänsteflicka som hade blivit tillfångatagen från Israel som nu tjänade Naamans fru.

Naaman blev botad efter att ha lyssnat till sin tjänsteflicka

Trots att tjänsteflickan var en liten flicka visste hon lösningen på Naamans problem. Flickan trodde att Elisa, profeten i Samarien, kunde bota hennes herres sjukdom. Hon berättade frimodigt nyheterna om Guds kraft som manifesterades genom Elisa för sin herre. Hon höll inte tyst om sådant som hon hade stor tro på. Efter att Naaman hade hört dessa nyheter gjorde han i ordning offergåvor med stor uppriktighet och gick för att möta profeten.

Vad tror du hände med Naaman? Han blev fullständigt botad genom Guds kraft som var med Elisa. Han till och med bekände *"Se, nu vet jag att det inte finns någon Gud på hela jorden utom i Israel. Tag nu emot en gåva av din tjänare"* (v. 15). Naaman blev botad, inte bara från sin sjukdom utan också från problemen som fanns i hans ande.

Jesus kommenterade denna händelse i Lukas 4:27: *"Och fastän det fanns många spetälska i Israel på profeten Elisas tid, blev ingen av dem renad utan endast Naaman från Syrien."* Varför kunde endast hedningen Naaman bli botad trots att det fanns många andra spetälska i Israel? Det berodde på att Naamans hjärta var genuint gott och ödmjukt nog att lyssna på andra människors råd. Trots att Naaman var en hedning hade Gud förberett vägen till frälsning för honom eftersom han var en god man, alltid trogen general till kungen, och en tjänare som älskade sitt folk så mycket att han både kunde och ville ge sitt liv för dem.

Men om tjänsteflickan inte hade berättat budskapet om Elisas kraft för Naaman hade han dött utan att bli helad, än mindre fått frälsningen. Denne ädle, vördnadsvärdige krigares liv hängde på en liten flickas läppar.

Frimodigt predika evangelium

Som det var i Naamans fall finns det många människor runt dig som väntar på att du ska öppna din mun. Även nu för tiden lider de av många svårigheter i livet och går mot helvetet varje dag. Hur sorgligt det skulle vara om de för evigt skulle bli plågade efter ett så svårt liv på jorden! Därför måste Guds barn frimodigt berätta evangeliet för sådana människor.

Gud kommer bli oerhört glad när människor som var på väg att dö får liv genom Herrens kraft, och människor som lider blir fria. Han kommer också ge dem framgång och hälsa och säga till dem, "Du är mitt barn som upplivar min ande." Gud kommer också hjälpa dem att få tillräckligt stor tro att få komma in i den härliga staden Nya Jerusalem, där Guds tron står. Tror du inte att alla människor som har hört de goda nyheterna och accepterat Jesus Kristus genom dig också kommer vara tacksamma för vad du har gjort för dem?

Om människor under detta liv inte får tillräckligt stor tro att bli frälsa kommer de aldrig få en "andra chans" när de kommer till helvetet. Mitt i evigt lidande och ångest kan de endast ångra och beklaga sig för evigt.

För att du skulle kunna höra evangeliet och acceptera Herren har oändligt mycket uppoffringar och överlåtelse offrats från våra förfäder i tron, som har dödats med svärd, fallit offer för hungriga vilddjur eller blivit martyrer medan de proklamerade de goda nyheterna.

Vad ska då du göra nu när du vet att du har blivit räddad från helvetet? Du måste göra ditt allra bästa för att befria så många själar som möjligt in i Herrens armar. I 1 Korinterbrevet 9:16 uttryckte aposteln Paulus sitt uppdrag med brinnande hjärta: *"Ty om jag predikar evangelium har jag inget att berömma mig av, eftersom jag är tvingad till det. Ve mig om jag inte predikar evangelium!"*

Jag hoppas att du går ut i världen med ett brinnande hjärta som Herrens hjärta och frälser många själar från det eviga straffet i helvetet.

Du har fått veta mer om det eviga, gastkramande och onda stället som kallas helvetet genom denna bok. Jag ber att du ska känna Guds kärlek som inte vill förlora en enda person, hålla dig vaken i ditt eget kristna liv och berätta om evangeliet för den som behöver höra det.

I Guds ögon är du mer dyrbar än hela världen och är värdefullare än allt i hela universum eftersom du skapades i Hans avbild. Därför ska du inte längre vara slav under synden som står emot Gud och hamna i helvetet utan bli ett sant Guds barn som går i ljuset, handlar och lever i enlighet med sanningen.

Med samma glädje som Gud hade då Han skapade Adam, vakar Han över dig än i dag. Han vill att du ska få ett sant hjärta, snabbt mogna i tron, och få det hela måttet av Kristi fullhet.

I Herrens namn ber jag att du direkt ska acceptera Jesus Kristus och ta emot välsignelser och auktoritet som ett dyrbart Guds barn, så att du kan vara salt och ljus i den här världen och leda stora mängder människor till frälsning!

Författaren:
Dr. Jaerock Lee

Dr. Jaerock Lee föddes 1943 i Muan, Jeonnamprovinsen, Republiken Korea. I tjugoåren led Dr. Lee av olika slags obotliga sjukdomar under sju år och inväntade döden utan hopp om tillfrisknande. En dag våren 1974 leddes han emellertid till en kyrka av hans syster och när han böjde knä för att be botade den levande Guden honom omedelbart från alla hans sjukdomar.

Från den stund då Dr. Lee mötte den levande Guden genom denna underbara upplevelse har han uppriktigt älskat Gud av hela sitt hjärta och 1978 fick han kallelsen av Gud att bli Hans tjänare. Han bad ivrigt och innerligt så att han skulle komma att förstå Guds vilja och helt och fullt kunna utföra den och lyda alla Guds Ord. År 1982 grundade han Manmin Centralkyrkan i Seoul, Korea och ett oräkneligt antal Guds verk, inklusive mirakulösa helanden och underverk har skett i hans församling.

År 1986 blev Dr. Lee ordinerad som pastor vid "Annual Assembly of Jesus' Sungkyul Church of Korea", och 1990, fyra år senare, började hans predikningar sändas över radio och TV i Australien, Ryssland, Filippinerna och många andra länder genom Far East Broadcasting Company, Asia Broadcast Station, och Washington Christian Radio System.

Tre år senare, 1993, valdes Manmin Centralkyrkan till en av de 50 främsta församlingarna i världen av amerikanska tidskriften *Christian World* och han mottog ett hedersdoktorat i teologi vid universitetet Christian Faith College, Florida, USA, och 1996 mottog han en Fil. Dr i pastorsämbete från Kingsway Theological Seminary, Iowa, USA.

Sedan 1993 har Dr. Lee haft en ledande roll i världsmissionen genom många internationella kampanjer i Los Angeles, Baltimore och New York i

USA, Tanzania, Argentina, Uganda, Japan, Pakistan, Kenya, Filippinerna, Honduras, Indien, Ryssland, Tyskland Peru, Demokratiska Republiken Kongo, Israel och Estland. År 2002 blev han på grund av sitt arbete med internationella kampanjer kallad "global pastor" av stora kristna tidningar i Korea.

Per maj 2016 är Manmin Centralkyrkan en församling med mer än 120,000 medlemmar. Det finns 10,000 inrikes och utrikes församlingsutposter över hela jorden, och hittills har mer än 102 missionärer sänts ut till 23 länder, inklusive USA, Ryssland, Tyskland, Kanada, Japan, Kina, Frankrike, Indien, Kenya och många, många fler.

Fram till datumet för denna publikationen har Dr. Lee skrivit 104 böcker, inklusive bästsäljare som *En Smak av Evigt Liv Före Döden*, *Mitt Liv Min Tro I & II*, *Budskapet om Korset*, *Måttet av Tro*, *Himlen 1 & 11*, *Helvetet*, *Vakna Israel*, och *Guds Kraft*. Hans verkar har översatts till mer än 76 språk.

Hans kristna krönikor finns i tidningarna *The Hankook Ilbo*, *The JoongAng Daily*, *The Chosun Ilbo*, *The Dong-A Ilbo*, *The Hankyoreh Shinmun*, *The Seoul Shinmun*, *The Kyunghyang Shinmun*, *The Korea Economic Daily*, *The Korea Herald*, *The Shisa New* och *The Christian Press*.

Dr. Lee är för närvarande grundare och ledare för ett antal missionsorganisationer och sammanslutningar såsom ordförande i The United Holiness Church of Jesus Christ; Permanent President för The World Christianity Revival Mission Association; Grundare & Styrelseordförande av Global Christian Network (GCN); Grundare Styrelseordförande för World Christian Doctors Network (WCDN); och Grundare & Styrelseordförande för Manmin International Seminary (MIS).

Andra kraftfulla böcker av samme författare

Himlen I & II

Inbjudan till den heliga staden Nya Jerusalem, vars tolv portar är gjorda av glittrande pärlor, som ligger mitt i den vidsträckta himlen och skiner lika praktfullt som dyrbara juveler.

Budskapet om Korset

Ett kraftfullt budskap som ger ett uppvaknande till människor som är andligt sovande! I denna bok finner du orsaken till att Jesus är den ende Frälsaren och Guds sanna kärlek.

En Smak av Evigt Liv före Döden

En biografi av Dr. Jaerock Lee, som blev född på nytt och frälst ut ur dödskuggans dal och som har levt ett perfekt exemplariskt kristet liv.

Ande, Själ och Kropp I & II

En guidebok som ger oss andlig insikt om ande, själ och kropp och hjälper oss att ta reda på vilket slags "jag" vi har, så att vi kan få kraft att besegra mörkret och bli en andlig person.

Måttet av Tro

Vilka slags himmelska boplatser, kronor och belöningar är förberedda för dig i himlen? Denna bok ger visdom och vägledning och hjälper dig att mäta din tro och kultivera den till att bli den bästa och mognaste tron.

Vakna Israel

Varför har Gud vakat över Israel ända från denna världens begynnelse till denna dag? Vad har Han i sin omsorg förberett för Israel i de sista dagarna, för dem som väntar på Messias?

Mitt Liv, Min Tro I & II

En ytterst dyrbar andlig väldoft utvunnen från livet som blomstrar med en oförliknelig kärlek till Gud, mitt i de mörka vågorna, kalla ok och djupaste förtvivlan.

Guds Kraft

Denna måste-läsa-bok är en viktig guide genom vilken man kan erhålla sann tro och uppleva Guds underfulla kraft.

---

www.urimbooks.com

www.ingramcontent.com/pod-product-compliance
Lightning Source LLC
LaVergne TN
LVHW041754060526
838201LV00046B/1000